JN274879

「国之大刹佛之宗家」霊鷲山・通度寺　舎利塔（慶尚南道梁山市）

山水の美しい霊山・妙香山（平安南道）

妙香山には昔から 300 を越える庵があった。

▲錦山・菩提庵（慶尚南道南海郡）

▼智異山・華厳寺（全羅南道求礼市）

▲済州・薬泉寺（済州島）

▼桃李寺（慶尚北道亀尾市）

天竺山・仏影寺（慶尚北道蔚珍郡）

首鳳山・洛山寺　紅蓮庵（江原道襄陽郡）

母岳山・金山寺（全羅北道金堤市）

土含山・佛国寺（慶尚北道慶州市　世界遺産）

霊鷲山・興国寺（全羅南道麗水市）

雲梯山・吾魚寺（慶尚北道浦項市）

俗離山・法住寺（忠清北道報恩郡）

天竺山・仏影寺（慶尚北道蔚珍郡）

内蔵山・内蔵寺（全羅北道井邑市）

雪嶽山・神輿寺（江原道束草市）

朝鮮の仏教と名僧

洪南基

朝鮮の仏教と名僧／目次

第一講

はじめに

妙香山・普賢寺

第1話　護国仏教と民衆の信仰

朝鮮に初めて仏教が伝えられ公認されたのは高句麗小獣林王《ソスリムワン》二年（三七二年）のことであった。それから仏教は一七〇〇年にわたり朝鮮民族の生活文化に根差し、自然崇拝の信仰から人間本来の価値と自我に目覚める精神世界に一大変化を起こした。三国時代と高麗時代を通して隆盛を極めた仏教は朝鮮王朝時代の迫害と日本の殖民地統治を乗り越え現代に繋がっている。

新羅時代を代表する名僧元暁《ウォニョ》と義湘《ウィサン》が唱えた仏教は高麗時代の義天《ウイチョン》により天台仏教に発展し、普照国師知訥《ポジョグクサチヌル》により禅と教学が通じ合い禅を中心に調和を成しながら独特な形で発展してきた。

高麗時代中期の一〇一一年、モンゴルの相次ぐ侵入により民衆の生活は苦しかったが侵略者に抵抗する闘いの中で海印寺《ヘインサ》に残る「八萬大蔵経」の版木を彫りながら戦った。（世界文化遺産）「八萬大蔵経」の製作はよそに例を見ない民衆の信仰心の表れでもあり民族の尊厳を回復する作業でもあった。

朝鮮王朝時代、仏教は抑圧され僧侶たちは首都・漢城の中に出入りすることすら許されなかったが、西山大師《ソサンデサ》・休静《ヒュジョン》、泗溟大師《サミョンデサ》・惟政《ユジョン》を初めとする僧侶たちは僧兵を組織し、豊臣秀吉の侵略戦争から国と民を護るため果敢な戦いを繰り広げた。仏教は護国仏教でもあり生活仏教でもあった。現代では西洋文明のもたらした自然破壊から環境を守り、人々の苦悩をやわらげる役割を果たしている。

朝鮮のどこに行ってもお寺がある。山寺に身を寄せるとどこからか聞こえてくる鐘と読経の音、その独特なリズムを耳にすると何となくこころが落着いてくる。お寺の食べ物や僧侶たちの服飾文化なども現代では注目されている。

第二講

三国時代の仏教文化

東明王陵近くの定陵寺（平壌・龍山里、写真・盧琴順）

第2話　高句麗に華開いた仏教文化

仏教は釈迦により説かれた教えで仏のことばである。朝鮮の古代文化は仏教の伝来とともに新しい文化の花を咲かせた。

仏教が朝鮮に伝わったのは三七二年、前秦の符堅王《プギョンワン》が高句麗・小獣林王《ソスリムワン》に使いとして僧・順道《スンド》を使わせ仏像と経文を贈ったことに始まる。王は答礼の使臣を送って感謝の意を表した。三七四年、僧・阿道《アド》が晋から来た。明くる年（三七五年）には肖門寺《チョムンサ》を建て順道を厚くもてなした。そして伊弗蘭寺《イブランサ》を建て阿道も居るようにしたという（『三国遺史』『三国史記』による）。

仏教伝来の小獣林王二年から一九年後の三九一年、故国壌王《コグッヤンワン》は「崇信仏法求福」という令を国民に発した。「仏教を信じて幸福を求めなさい」というもので天がすべてを支配し、始祖神・東明王（朱蒙）だけを崇めるという高句麗本来の信仰から大きく踏み出し仏教信仰を国家的な範囲に広げ、未来を切り開くように教えたのである。故国壌王《コグッヤンワン》が仏法を信じるように触れたあくる三九二年、広開土王（好太王・即位二年）は平壌の九か所に寺院を建立した（『三国史記』）。当時の首都は鴨緑江中流北岸集安の丸都城であったが四二七年に広開土王（好太王）の息子長寿王（四一三〜四九一年）が正式に首都を平壌に移すまでの間も平壌が政治・文化の中心地であったことを物語っている。

広開土王（好太王）が建立した九寺について国史に具体的な記載はないが、平壌には興福寺・永明寺・中興寺・盤龍寺・霊塔寺・長慶寺・金剛寺・広法寺・龍華寺などがあった。

また、五世紀のはじめ高句麗の建国始祖・東明王の陵を平壌に移す際、陵寺として定陵寺を建て東明王の冥福を祈った。高句麗寺院の特徴である一塔三金堂方式の定陵寺は東明王陵近くの龍山里で一九七四年に発掘され一九九三年にはほとんどが復元された。

高句麗の仏教は平壌一帯から始まった。平壌は朝鮮史における仏教発祥の地でもある。

第3話　高句麗仏教の広がり

高句麗仏教の隆盛は当時つくられた寺院、仏像、古墳壁画などから窺える。仏像の銘文には賢劫千仏《ヒョンゴプチョンブル》（多くの賢人が現れて衆生を救うとされる）・弥勒菩薩《みろくぼさつ》像（釈迦の予言により五六億七千万年後にこの世に現れるとされる）・釈迦像・無量寿《むりょうじゅ》像（寿命がはかりしれない仏の意で阿弥陀仏《あみだぶつ》のこと）の名称が多く見受けられる。

朝鮮で一番古いとされる仏像は平壌にあった東寺から出た千体仏像の二九番目の金銅如来立像（高さ一六・二センチ、国宝）で仏像の光背（後光）に延嘉七年（五三九年）と年代が記されている。

初期の仏像は五世紀中葉につくられた古墳壁画でもみられる。チャンチョンI号墳の中には仏像に向かい五体投地《クンジョル》する先祖たちの姿が克明に描かれている。また、徳興里《トクフンリ》古墳から出土した墨書からは七つの宝物をもった転輪聖王《てんりんせいおう》（神話で世界を統一支配する帝王の理想像で偉大な統治者のこと）と関連する行が見受けられ、壁画の内容も転輪聖王の居る城を描いている。一九四六年平壌で発掘された永康七年の年号のある金銅光背の仏像の後ろには高句麗弥勒信仰の痕跡が見られる。

高句麗では仏教儀式も盛んで百高座会（釈迦の席を百つくり偉い僧侶の説法を聞く会）や八関会《パルグアンフェ》（高麗時代盛んに行われた八関会《パルグアンフェ》の原型でお祭りのようなもの）がよく開かれた。

高句麗遼東出身の高僧・僧朗《スンラン》（文咨王時代）は中国の仏教発展に寄与し、陽原王時代に新羅に渡った恵亮《ヘリャン》は最初の国統（僧侶全体を統べる官名）となり新羅仏教初期に多大な影響を与えた。

また、恵慈《ヘジャ》・慧観《ヘグアン》・曇徴《タムジン》等の高僧が日本に渡り活躍したことからも高句麗仏教の威力が感じられる。

第4話　百済の仏教

百済《ペクチェ》の建国神話では高句麗・朱蒙の子温祚《オンジョ》が兄の沸流《ピリュ》とともに馬韓《マハン》の地・漢江《ハンガン》流域の慰礼城《ウィレソン》（今のソウル北漢山《プカンサン》付近）に百済を興したとされる。しかし、楽浪郡を制して南下してくる高句麗の圧力に抗しきれず南西部に押しやられ熊津《ウンジン》（忠南・公州〔四七五～五三八年〕）・泗沘《サビ》（忠南・扶餘《プヨ》〔五三八～六六〇年〕）に都を移した。

百済に仏教が伝わったのは順道が高句麗に来てから一二年過ぎた枕流王《チムリュワン》元年（三八四年九月）で、インドの僧・摩羅難陀《マラナンタ》が仏典を携え南中国・東晋から全羅南道霊光法聖浦《ヨングァンポプソンポ》に入ったことに始まる（法聖浦の名前は百済に仏教を伝えた摩羅難陀《マラナンタ》が初めて入ってきたことに由来する）。

王は摩羅難陀《マラナンタ》を宮中で歓待し、明くる三八五年、漢山に寺を建立し一〇名の僧侶を出家させ仏教を公式に受け入れた。高句麗の場合、順道は大国・前秦の王の使いとして国家的な性格を帯びていたのに対し、百済ではひとりの僧侶に過ぎない摩羅難陀《マラナンタ》を王が直接迎え入れ宮中で礼拝をしたということは、すでに百済でも仏教の受け入れ態勢が整っていたということである。このように百済は初期から仏教の受け入れに積極的であった。

阿莘王《アシンワン》元年（三九二年）、王は「仏法を信じて福を求めよ」（崇信仏法求福）という令を下し、仏教は百済貴族等の崇拝を集め、多くの寺院・仏像・仏画がつくられた。威徳王《ウィドクワン》（五五四～五九八年）の時代につくられた百済金堂大香炉（国宝）が一九九三年に扶餘《プヨ》郡王室寺跡から出土した。王は五七七年に雄大な伽藍をもつ王興寺を創建したが、この寺は新羅で一番大きな寺院の皇龍寺《ファンヨンサ》（五五三年創建、六四五年完成）に匹敵する国家的大寺院であった。現代にのこる仏教遺跡・遺物を通して、仏教の興隆と百済文化の優雅さを感じることができる。百済文化は終始密接な同盟を結んだ日本に伝わり飛鳥文化形成の母胎になった。

扶餘から出土した百済金堂大香炉

第5話　百済仏教の戒律

中国の史書にも百済には僧と寺院・塔が多いが道教の人はいないと記されたほど（僧尼寺塔甚多而無道士『周書』一九巻列伝四一）百済では仏教が盛んであった。

インドで律宗を研究し梵語（サンスクリット語）を習得した謙益《キョムイク》法師は、インド僧・倍達多《ペダルタ》三蔵とともに聖王四年（五二六年）に帰国し、国内の僧侶二八名とともに律部《りつ》七二巻の仏教原典を翻訳し、三六巻の解説書をまとめ百済の律典を完成させた。

律《りつ》とは釈迦の教えで、生活の上で守るべき戒めで出家者の生活規則、法律である。しかし、律宗が開宗されたのは通度寺に金剛戒壇をつくった（六四六年）新羅の大国統・慈蔵律師《チャジャンユルサ》によるといわれる。律は、仏教に帰依したものが守るべき行いの規則である戒《かい》とともに使われる。在家の仏教信者が守るべき五戒（①生き物を殺さない②盗みをしない③男女の間を乱さない④うそをつかない⑤酒を飲まないこと）がある。

法王《ポプワン》は仏教信仰に力を注いだ王で、五九九年、勅命を下して一切の殺生を禁止した。民家で飼って

弥勒寺の跡に残された幢竿支柱。新羅時代のものと言われている

いた鷹や鳥を放し、狩の道具を没収し焼いてしまった。百済では仏教の戒律を守ることを重視した。

一方、中国に留学した玄光《ヒョングァン》は南朝の陳で南岳慧思から「法華経」（妙法蓮華経の略）を習い法華三昧（法華経をとおして悟りを開く方法）を証得し、帰国後、法華信仰を広く伝えた。百済には「涅槃経」、「法華経」、「維摩経」、「般若心経」などの経典が入ってきた。

六世紀以降、百済では弥勒信仰が流行し弥勒寺・弥勒仏光寺等の寺院が創建された。

五八七年（聖王三四年）、日本から来た善信尼らが百済で三年間戒律を学び、初めての比丘尼《ピグニ》（出家して戒を受けた女性）となり帰国したことが記録に残っている。

第6話　百済仏教の美

重厚な扶餘定林寺址五層石塔《プヨチョンリムサジオチュンソクタプ》（国宝九号、高さ八・三三メートル、忠南）と彌勒寺址石塔《ミルクサジソクタプ》（国宝一一号、高さ一四・二四メートル、全北益山）は現存する百済の代表的な建築物であり仏教建築が到達した高度なレベルを伝えるものである。

彌勒寺《ミルクサ》は七世紀の初めに中興の祖・武王が善花公主の願いで建てた一万坪に及ぶ大寺院で、百済寺院の典型的な伽藍（南から中門・塔・金堂・講堂を配置し中門と講堂の間を回廊で囲んだいわゆる一塔式伽藍）様式を備えている。中央に木製の塔を建て東西に巨大な石塔を立てたが、現在は西塔の一部だけ残っている。東塔は近年復元された。

一方、伽耶山《カヤサン》の絶壁に掘られた百済後期の瑞山磨崖三尊佛像《ソサンマエサムジョンブルサン》（国宝八四号、別名・瑞山磨崖石仏《ソサンマエソクプル》、忠南）は「百済の微笑」と呼ばれる仏教芸術最高傑作のひとつである。

ソウルの国立中央博物館に展示されている弥勒菩薩《みろくぼさつ》の半跏思惟像《はんかしゆいぞう》（国宝七八号、八三号）は六世紀から七世紀にかけて金銅製でつくられたが幻想的な静けさと神秘的なまでの深さを併せ持つ造形のうつくしさを表現している。京都・太秦の広隆寺にある弥勒菩薩半跏像「宝冠弥勒」は、「人間実存の最高の姿」を表したものとしてドイツ人学者が称賛したが、国宝八三号と広隆寺の弥勒菩薩は金銅製と木製の差はあるが酷似している。

百済仏教は新羅の仏教発展にも大きな影響を及ぼしている。善徳女王は皇龍寺九層塔《ファンヨンサクチュンタプ》の建立にあたり百済の技術者阿非知《アビチ》を招請した。

弥勒菩薩の半跏思惟像（ソウル国立中央博物館より）

日本の仏教伝来は五三八年（日本書紀によると五五二年。元興寺縁起などでは五三八年）、百済・聖王の使者が欽明天皇に金銅の釈迦如来像や経典、仏具などを贈ったことが初めだと言われている。順道が高句麗に来てから一六六年後のことである。その間、古代三国では仏教が国の隅々まで根を下ろし、百済は地理的に近い古代日本と交流を重ねて行った。

第7話　新羅仏教の成立

新羅は古朝鮮の遺民たちが南下してつくった辰韓《チンハン》一二小国のひとつ斯盧国《サログク》（慶州地方）をもとに成立した。朝鮮半島の東南端に位置して王権の確立と国家の統一が遅れ、新羅が高句麗・百済に比べられるようになったのは六世紀以降のことである。新羅という国号を定めたのは智証王四年（五〇三年）のことであるが、新羅の国号を用いたのは法興王《ポププンワン》のときからで、その後律令を頒布《はんぷ》し（五二〇年）、一七等級の官位と服制を定めた。

新羅に仏教が伝わり公認されたのは二三代法興王一四年（五二七年）に起こった「異次鈍《イチャドン》殉教事件」の後で、高句麗より一五五年遅れてのことだった。しかし、その以前五世紀中葉にも仏教伝道は始められていた。高句麗から来た墨胡子《ムクホジャ》や我道《アド》等僧侶が仏法を広めようとしたことが『三国史記』に記されている。

「異次鈍殉教事件」は仏教を受け入れようとする法興王を中心とする勢力と、それに反対する豪族の族長勢力との間で起きた。新羅の下級官吏であった異次鈍は、秘かに法興王の命を受け朝廷で仏教の受け入れを強く申し入れたが受け入れられず死刑に処せられた。異次鈍は首を切られる前、王に「私の首から白い血が噴き出たら必ずこの国で仏教を受け入れて欲しい」と遺言し、王はそうする事を誓った。刑吏が異次鈍の首を切った途端に白い乳の様な血があふれ出て空は真っ暗になり、大地が振動して人や動物、植物までが嘆き悲しんだという。この不思議な光景を目の当たりにした王とすべての臣下は仏に懺悔したという逸話である。新羅ではこの事件の後から仏教を公認し積極的に受け入れるようになった。そして富めるものも貧しいものも小さな子供でさえ、お釈迦様の慈悲を願い、「南無」を唱えるようになったと言う。

世界遺産に登録されている慶州・石窟庵の釈迦如来（新羅時代）。新羅美術の最高峰・集大成と呼ばれている

異次鈍の殉教は仏教の公認ばかりではなく王権の権威を高め、新しい秩序をつくるのにも寄与した。

第8話　新羅仏教の隆盛

異次鈍《イチャドン》の白い血が流れた後新羅では仏教信仰の自由が保障され、五二八年に法興王は殺生を禁ずる令を出した。新羅仏教は二四代眞興王《チンフンワン》（五四〇〜五七六年）の時代になり大きく発展した。仏教を公認した法興王《ポプフンワン》は仏法を興した王として、眞興王《チンフンワン》は眞に仏教を復興した王としての意味が王の名前に込められている。

仏教を国家の指導理念として受け入れた眞興王は、理想的帝王である転輪聖王《てんりんせいじょうおう》を夢見て王が即ち仏であるとし、新羅の王室は釈迦のクシャトリア族（刹帝利種）と同じであると唱えた。眞興王は仏教理念による青少年の修養団体「風月道」（花郎道）を創設し国民思想の確立に余念がなかった。四方を敵に囲まれ三国のなかで最も立地条件が悪く弱小国であった新羅を、当代に強大国に押し上げた眞興王の業績は、仏教に帰依することで成し遂げられたとも見える。

眞興王は五四四年に興輪寺を完成させ、誰でも望む者は僧侶になることを許可し、僧侶を国家的に優遇するため僧職も定めた。五五三年には新羅最大の寺院で国家仏教の中心におかれた皇龍寺《ファンヨンサ》を創建

新羅最高の国家寺院としてつくられた大寺院、皇龍寺の九層木塔跡

し、五六六年に祇園寺《キウォンサ》・実際寺《シルチェサ》と共に完成した。さらに皇龍寺にたくさんの金や銅をつぎ込み、丈六尊像（一丈六尺の仏像・人の背丈が八尺とすればその倍）を鋳造・奉安（五七四年）し、後に九層の塔を建立し「国泰民安」を祈願した。五七六年に帰国した安弘法師が楞伽経《ヌンガギョン》（禅宗の祖・達磨が二祖・慧可に伝えたとされる経）・勝鬘経《スンマンギョン》（理想的な君主である勝鬘夫人について書かれた経）を持ち帰るなど、中国に留学した求法僧が続々と帰国し仏教はさらに盛んになった。

二六代眞平王《チンピョンワン》（五七九〜六三二年）は在位五四年の間、多くの僧侶を中国に留学させ高僧を輩出させた。眞平王は自分の名前を釈迦の父親と同じ白浄と呼び、王妃は釈迦の母親と同じ麻耶《マヤ》夫人と呼び娘の善徳女王《ソンドクヨワン》も善徳如来に由来し、彼女の名前も勝鬘経《スンマンギョン》に出てくる勝鬘《スンマン》であった。

第9話　新羅の文殊信仰

圓光（五五五～六三八年）は中国に留学した高僧で国家の重要施策についてもしばしば諮問を受けるほどの指導的な地位についていた。

圓光和尚が嘉瑟岬寺《カスルカプサ》に居た六〇一年に二人の花郎《ファラン》（一四歳位から一七、一八歳までの少年からなる修養団体「風月道」のメンバー）が訪ねてきて教えを請うと、新羅人が守るべき仏教的生活規範である「世俗五戒」を授け立派な国民になるよう導いた。世俗五戒とは①王に対する忠誠（事君以忠）②親に対する孝行（事親以孝）③信義を持って友に対する（朋友有信）④戦争では勇気を持って戦う（臨戦無退）⑤むやみに生き物を殺さない（殺生有擇）等の教えである。三国の間で無数の戦争が繰り返されていた当時、新羅ではこのように青少年たちを弥勒信仰のもとに健全で勇敢な人材に育て上げようとしていた。花郎の中からは多くの人材が排出された。

慈蔵《チャジャン》（五九〇～六五八年）は新羅の貴族（眞骨）、蘇判《ソパン》（三級の爵名）金茂林の子として生まれ長じて出家した。善徳女王五年（六三六年）に入唐して文殊信仰の聖地・清涼山（中国山西省の五台

南山律宗の根本道場である通度寺の金剛戒壇

山）で修業した。五台山で慈蔵が瞑想中、文殊菩薩の化身と思われる僧侶から袈裟《けさ》と舎利《しゃり》を与えられ善徳女王一二年（六四三年）に大蔵経一部と仏具などを携え帰国した。

新羅の最高僧職である大国統に任命された慈蔵は三国を統一する意思を国民に明確に示すために皇龍寺九層塔の建設を推し進めた。慈蔵は朝鮮における南山律宗の根本道場である通度寺をはじめ水多寺・石南院（浄岩寺）など十数か所の寺院と塔をつくった。

慈蔵律師が文殊菩薩の霊場である五台山を朝鮮の東北・太白山脈の江原道平昌に定めたことで五台山（東台満月山・南台麒麟山・西台西嶺山・北台象王山・中台地爐山）の名前とともに新羅仏国土信仰による独自の文殊信仰が盛んになった。

第10話　伽耶の仏教

洛東江《ナクトンガン》下流流域を占めていた弁韓《ピョンハン》（弁辰）には一二小国があった。一世紀中葉、伽耶国（四二～五六二年、慶尚道金海・咸安・咸昌・高霊・星州・固城地方にあった六伽耶の連合体）が成立したがその歴史はいまだ解明されていない。駕洛国が成立した時期、三国の仏教伝来よりも早く仏教が南方より伝来したとの説もあるが立証されてはいない。

伽耶連合体の中心勢力であった金官伽耶に関連して『三国遺事』（著者・一然和尚《イルヨンスニム》）には八代銍知王《チルチワン》（四五一～四九二年）が駕洛国の始祖・首露王（？～一九九年）と后・許黄玉のために王后寺を建てたと記している。首露王の后・許黄玉はインド・阿踰陀国《アユタグク》の公主で彼女が金海に到着したとき「婆娑石塔《パサソクタプ》」という奇妙な形の五層の石塔を持ってきた。現在まで石塔は金海・虎渓寺にあるが、石塔の石は形、色、比重などから朝鮮固有の石ではなくインド特有のものであると推測されている。許皇后の航海の安全を祈願して、仏像・経典などと一緒にこの石塔を船に積んできたものではないかと考えられる。四五二年、銍知王によって王后寺が建てられたことが「駕洛国記」の記録にあるので伽

高霊池山洞円墳群。大伽耶国の故知で、金銅冠、馬具などが出土した

耶の仏教伝来は少なくとも新羅の仏教公認（五二七年）より早い時期であると思われる。

伽耶は駕洛・迦羅・加良・狗耶とも呼ばれた。日本が朝鮮半島を支配したと主張する「任那日本府」とは関係ない（広開土王碑文の「任那日本府」の行をもって日本が朝鮮半島を支配し服属させた史料であるとしていることについては、歴史家たちによって否定されている）。

朝鮮半島に仏教が伝来したのは高句麗を経由する陸路と百済を経由する海路があるが、いずれも中国を通じてのことであった。駕洛仏教伝来の逸話からはインドあるいは南方から直接伝来したものもあることを示唆している。

第11話　渤海の仏教

渤海《パルへ》（六九八〜九二六年）は高句麗の後継国である。高句麗と渤海のかつての領土は鴨緑江、白頭山、豆満江をすべて含んでいた。高句麗（六六八年滅亡）再建を目指す遺民たちは、旧高句麗王朝の将軍・大祚栄《テジョヨン》（高王）の指揮の下、唐の安東都護府（地方の役所）を攻撃し東牟山《トンモサン》（現在の吉林省敦化市付近）に都を定め政治・経済・文化のあらゆる分野で高句麗を継承した渤海を建国した。渤海は一五代二二七年に亘り繁栄を続け「海東盛国」と称えられた。

渤海は唐（六一八〜九〇七年）との関係を維持しながら日本との外交を展開し武王（七一九〜七三七年）と文王（七三七〜七九三年）の統治期に一二回日本に使節を送り、日本からも七二八年から八一一年の間に一四回「遣渤海使」が海を渡った。

渤海の王室は建国初期から高句麗の仏教を継承するとともに玄奘三蔵法師（六〇〇〜六六四年、六四五年一七年間のインド（天竺）留学から帰り膨大な経典を漢訳した）によって開かれた新しい仏教の流れも取り入れた。

牡丹江沿いにある渤海国の上京龍泉府跡

七一三年（開元元年）、唐に到着した渤海の王子が入寺礼拝を請求している記録（「冊府元亀」巻九七一）があり、八一四年（元和九年）渤海の使節高礼進らが金銀仏像を献じたことも記されている。東京（吉林省琿春市付近）・中京（吉林省和龍県付近）からは釈迦と多宝仏の二仏並座像が見つかっている。文王・大欽茂は尊号に「金輪」と「聖法」など仏教の用語を用いて転輪聖王の理念を掲げた。文王の娘・貞恵公主の墓は敦東城（敦化県）近郊の六頂山にある。地上には石塔が建てられ地下に玄室がある。玄室からは二つの石獅子が発掘されている。

渤海仏教については断片的な資料しかない。遺跡の発掘や歴史資料の解明が待たれる。

第三講

仏教の伝来

——朝鮮から日本へ

松林寺（慶尚北道漆谷郡）

第12話　仏教伝来の意義

仏教が朝鮮半島に伝来するまで、高句麗・百済・新羅・駕洛等の古代国家では、神仙思想・祖上神崇拝・自然神に対する信仰が主だったものであった。

仏教はインドから中国大陸に流入して高い文化と共に朝鮮半島に伝えられた外来宗教であったが、受け入れと共に民族の文化、思想、精神的柱に育っていった。

仏教伝来とともに従来の信仰は整理され、天と太陽を対象にした天神・明天は桓因または天帝（これらは帝釈天を指す）という仏教的人格神に定着し、蒼空や霊星などの崇拝が人間の寿命と禍福を取り仕切る北極・妙見あるいは七星信仰になり、河川・海水・雲雨・農耕の神は竜王神信仰に、山岳信仰は山王信仰に定着するようになった。

本来仏教は鬼神・天神といったものを祀ったりはしなかったが、時代性や生活に根差した従来の習俗・信仰を受け入れながら対立することなく浸透してきた。

仏教伝来には仏像と経典と修行者つまり僧侶の三つが伝わる必要がある。仏教はインドから西域・

4～5千年前のものと見られる朝鮮・成川郡竜谷里の支石窟の天井石には「北斗七星」が彫られていた

中国大陸を通じて国境を越え、民族の違いを乗り越えて伝わってきた。さらに当時の国の都、政治の中枢、王権を目指して伝えられてきた。三国もみな王室を中心に仏教を信奉し、国家仏教・護国仏教として展開し、民族文化の急速な発展をもたらした。

三国では数多くの仏教寺院が建立され、土地や財産を寄進された寺院は仏教伝播の経済的基盤をつくった。

これらは「仏教を信じて福を求めよ」という国王の教書が示すように領土拡張や国内戦争など租税と戦争負担にあえぐ農民・奴婢らの不満を抑えることで王権を強化するのに貢献した。

このように仏教は急速に朝鮮半島に根付くようになった。

第13話　日本への伝法

仏教が朝鮮半島に伝来した後、百済を通じて、ついで高句麗・新羅を通じて日本に仏教が伝わった。百済の聖王《ソンワン》（五二三〜五五四年、日本では聖明王と呼んでいる）が日本の欽明天皇《きんめいてんのう》に使者をおくり、仏像と仏具・経論を贈ったのが日本仏教の正式なはじまりと言われるが、その年次については二説ある。日本で最も古いお寺である法興寺《ほうこうじ》（元興寺《がんごうじ》・現在の飛鳥寺《あすかでら》）の縁起《えんぎ》（元興寺伽藍縁起《がんごうじがらんえんぎ》）による欽明天皇戊午《きんめいてんのうぼご》七年（聖王一六年・五三八年）説と『日本書紀』による欽明一三年（五五二年）説である。元興寺伽藍縁起《がんごうじがらんえんぎ》の五三八年説をとる人が多いが、この年は百済の聖王が高句麗の圧迫を受け首都を熊津《ウンジン》（公州《コンジュ》）から泗沘《サビ》（扶餘《プヨ》）に移した年である。

聖王は三二年（五五四年）に曇慧《どんえ》等九人の僧侶を日本に送り、道探ら七人の僧侶と交代させた。次の威徳王は二四年（五七七年、敏達《びだつ》天皇六年）に経論若干巻、律師、禅師、比丘尼、咒禁師、造仏工、造寺工等を日本に派遣した。また三一年（五八四年、敏達天皇一三年）には蘇我馬子《そがのうまこ》の使者が仏像・弥勒《みろく》石像二躯を持ち帰った。

日本最初の本格的仏教寺院の飛鳥寺

当時寺院もなく僧侶もいなかったので、蘇我馬子は使者を四方に派遣し、高句麗からきた僧・慧便《ヘピョン》を探し当て、師となし精舎《しょうじゃ》（寺院）に住まわせた。このとき司馬達の娘の嶋ら三人を出家させ僧尼とした。善信・禅蔵・恵善の三尼で、これが日本尼僧のはじまりといわれている。数年後善信尼ら三人の尼僧は百済に留学して律を学び、さらに日本に律を伝えた。慧便は記録上日本に仏教を広めた最初の人物になった。

日本最初の寺院である法興寺（飛鳥寺）は一塔三金堂式の壮大な伽藍で五重塔を囲んで、中金堂、東金堂、西金堂が建つが建築学的に「飛鳥寺式伽藍配置」と呼ばれる。その源流は高句麗にあり、平壌で発掘され復元された東明王陵寺・定陵寺《チョンルンサ》の伽藍《がらん》形式と同じである。

第14話　飛鳥仏教への影響

古代日本仏教を支えたのは百済・高句麗・新羅・三国の仏教であった。そして、飛鳥仏教の成立に指導的役割を果たしたのは高句麗と百済の僧であった。

恵慈《えじ》（?～六二二年）は高句麗嬰陽王《ヨンヤンワン》六年（五九五年、推古《すいこ》天皇三年）日本に渡り聖徳太子（厩戸王《うまやどのみこ》）の師となった高句麗の高僧である。恵慈は百済の律僧・慧聡《えそう》とともに日本で仏教を広め三宝の棟梁となった。『日本書紀』によれば「性《ひととなり》、武略あり、また弁才あり、以って三宝を恭敬す」と評されている。蘇我馬子《そがのうまこ》により法興寺（飛鳥寺《あすかでら》）が創建されると、恵聡と共にこの寺に住み仏教界の指導にあたった。

彼らに続き六〇一年には高句麗僧、僧隆・雲聡の二人が渡日、六一〇年には同じく高句麗から曇徴《タムジン》と法定《ポプチョン》が渡日した。また、百済三〇代武王三年（六〇二年）には観勒《クァンルク》が天文・地理・暦書・遁甲（忍術）・方術（神仙の術）書等を持ち渡日し日本で初めての僧正となった。

中央集権国家体制の確立を図った聖徳太子は推古天皇一一年（六〇三年）に「冠位十二階」を定め

たが、この制度は日本が隋と国交を開くために恵慈・恵聡を通じて高句麗・百済から取り入れたものとされる。　聖徳太子は推古《すいこ》天皇に法華経《ほけきょう》と勝鬘経《しょうまんぎょう》を講説し、仏教経典（法華経《ほけきょう》・維摩経《ゆいまきょう》・勝鬘経《しょうまんぎょう》）の注釈書三経義疏《さんぎょうぎしょ》を著しているが、一説によると恵慈による著作とも言われている。聖徳太子（厩戸王）は「和を以て貴しと為す」とした「十七条憲法」をつくり「篤く三宝（仏・法・僧）を敬え」と教えた。恵慈は嬰陽王《ヨンヤンワン》二六年（六一五年）故国高句麗に帰国した。六二二年（栄留王六年）厩戸王の訃報を聞くと追善の斎会を設け厩戸王の冥福を祈った。そして明年の厩戸王の命日に自身も入寂することを予言し、果たしてその通り死を迎えたとされる。

聖徳太子像

第15話　法隆寺金堂壁画と曇徴

仏教は飛鳥時代（仏教伝来以降法隆寺被災の六七〇年まで）・白鳳時代（六七〇～七一〇年）を通じて日本全国に広がった。

百済から寺工、画工、瓦工などの寺院建築技術者や僧が来日して日本最初の伽藍である法興寺（飛鳥寺）が飛鳥に創建されたあと飛鳥時代に四六の寺院が、白鳳時代には四八〇余の寺院が建立された。

一九七二年に発掘された高松塚古墳壁画（奈良県明日香村）に描かれた四神図・天空図・女子群像の服装などは高句麗古墳壁画とよく似ており当時高句麗の影響が大きかったことが窺える。

高句麗の僧・曇徴《タムジン》は王命により、六一〇年、僧・法定《ポプチョン》と一緒に日本に渡り五経を伝え、初めて彩色（現在の絵具）や工芸、紙、墨、漆、そして水車の原型である碾磑《ヨンエ》（みずうす＝水力を利用した臼）の作り方やその使用方法を教えた。『聖徳太子伝暦』によれば、聖徳太子は曇徴を大和（奈良）の斑鳩宮に招いて、その後法隆寺に住まわせたとされる。

曇徴は法隆寺の一二面金堂壁画を描いたことで知られる。金堂壁画には四面の大壁に三尊仏を中心

阿弥陀浄土図。制作が優れ、法隆寺金堂壁画の中でも代表作として知られたものである。焼損前の写真でも画面の下半分は剥落が激しく、図様が明確ではない

にした浄土図が描かれ、残り八面の小壁に各一体ずつの菩薩像が描かれている。その中でも六号壁に描かれた阿弥陀浄土図（西の大壁で、阿弥陀三尊、阿弥陀・観音・勢至菩薩を中心に、下部に一七体、上部に八体、計二五体の菩薩像を表した図様は浄土三部経の一つ「無量寿経」所説の浄土を表すものと解釈されている）は法隆寺金堂壁画の中でも代表作として知られる。

法隆寺の金堂壁画は新羅の慶州石窟庵《ソククルアム》、敦煌《とんこう》莫高窟《ばっこうくつ》の壁画などとともに東洋の三大傑作の一つに数えられるが惜しくも一九四九年一月の不審火による火災で失われてしまった。現在、法隆寺金堂にある壁画は一九六七～八年にかけて、当時の著名画家たちによって模写されたものである。

第四講

後期新羅の名僧

――元暁と義湘

鳳凰山・栄州浮石寺（慶尚北道栄州）

第16話　「一切有心造」の真理を悟る　元暁①

元暁《ウォニョ》（六一七～六八六年）は仏教が朝鮮に伝来した後に現れた民族史上最大の仏教思想家であり、大著述家である。二度に亘って入唐を試み仏教を学ぼうとしたがその志をひるがえした逸話が有名だ。最初は眞徳女王四年（六五〇年）遼東まで行ったが、高句麗の巡回兵に捕まり数十日間獄につながれて戻らざるを得なかった。二度目は文武王一年（六六一年）義湘《ウィサン》とともに海路で唐に渡ろうと、黄海に面した唐津（忠清南道）を目指し日が暮れたので小さな塚で夜を過ごした。辺りは漆黒の闇に包まれ何も見えないが喉が渇いたので近くに溜まっている水を飲んだ。朝陽が射し、辺りを見渡すと自分のいる所はお墓のなかで昨晩喉が渇いて飲んだ水は髑髏《どくろ》に溜まった汚水であったことがわかった。するると激しい吐き気にとらわれ気持ちが悪くなった。昨日知らずに飲んだ水は蜂蜜のように甘かったのに……。

夜、何とも思わなければ飲めた水も一度髑髏の水と分かるともはや飲むことができないのは、一切のものが心によって生ずるためであった。このとき元暁は一切のものがこころ（＝識）の持ち方一つにより、迷いともなり悟りにもなるという「一切有心造」の真理を悟った。唯心所造の道理を悟った元暁はその場で留学の道を断念し、再び来た道を帰った。

国内に留まった元暁は慶州《キョンジュ》の芬皇寺《ブンファンサ》にあって一切の経論をひとりで修学し、偉大な仏教学者、独創的な思想家になった。師を持たずして一人で膨大な経論を研究した元暁は一宗一派に偏らないすべての仏教全般に共通する教理を持った「通仏教」を提唱した。元暁の「通仏教」を「元暁宗」・「芬皇宗」・「海東宗」ともいう。

元暁は単なる仏教者・学者ではなく自由奔放に生き行動した稀有の人物であった。

後期新羅時代の元暁大師（肖像）

第17話　朝鮮仏教の土台を築く　元暁②

元暁和尚《ウォニョスニム》は独自に研究を重ね経・律・論の三蔵と大乗・小乗すべての経典に通暁し仏教を総合的に体系化した独自の「和諍思想《ファジェンササン》」を創りあげ朝鮮仏教の土台を築いた。

元暁の著述は質・量ともに超人的で一〇〇余部、二四〇巻に及ぶがこれだけの著作は全精力を集中し不断の努力を重ねなければ到底書けるものではない。元暁の著作のうち現在まで残るものとして「金剛三昧経論」「大乗起信論疏」「十門和諍論《わじょう》」「法華宗要」「二障義《にしょうぎ》」などがある。

元暁の著作である「金剛三昧経疏《こんごうざんまいきょうそ》」は「金剛三昧経論」と呼ばれ唐の学者たちにも大きな影響を与えた。「疏《そ》」は解説を意味するが「論」が使われるのは内容が優れ菩薩が書いたものとされる。元暁の著作は広く中国やインド、日本でも愛読された。

元暁は存在するすべてのものは「一心」の運動でありその発現であって「一心」の自己発展であると唱えた。金剛三昧経論で元暁は次のように述べている。

一心は生じもせず無くなりもしない絶対的なもので、あらゆる現象はその表現形態に過ぎない。例

光州無等山にある元暁寺

えば海の水が、風が吹き地殻が変動すると大きな波に変わるが水の本性はそのままであるようにあらゆる現象は変わってもその本質（即ち一心）は永遠に変わらないと説いたのである。

元暁和尚はすべてのことに引っ掛かりの無い人間は一瞬にして生死を超越するという円融無碍《えんゆうむげ》の自由精神を説いた。無碍《むげ》とは障りのないこと、さまたげやとどこおりのないまどかなことを言う。極端な対立は葛藤と怨念を生む。しかし和諍と円融は私だけに固執しないでお互いがお互いを受け入れてそれぞれが中心になる。和諍とはあらゆる対立物はお互いに化合し統一するということである。

第18話　義湘を守った善妙の魂　義湘①

元暁《ウォニュ》と別れた義湘《ウィサン》はその後海路で唐に向かった（六六一年、三七歳）。黄海を越え登州海岸に着いた義湘はある信徒の家に泊まらせてもらったが、その家には善妙《ソンミョ》という美しい娘がいた。善妙は義湘を一目見て恋に落ちてしまったが、求法に燃える義湘のこころを動かすことはできなかった。しかし善妙は義湘に帰依し義湘のためにすべてを尽くすという道心を起こした。

一〇年の留学で大成した義湘は新羅に帰る途中、文登縣に立ち寄りお世話になった信徒たちに感謝を述べ故国を目指して船に乗った。義湘の帰りを待ちわびた善妙が波止場に駆けつけたときは船がすでに港を離れた後だった。ひとり残った善妙は義湘の乗る船が無事新羅に辿りつき大事を成し遂げられるように願いを立ててその身を海の中に投げてしまった。龍になって義湘の乗った船を護りたいと言う善妙の思いは叶い義湘を新羅まで無事送り届けた。

帰国した義湘は文武王《ムンムワン》一六年（六七六年）に太白山と小白山の二つの山脈の間にある榮州《ヨンジュ》・鳳凰山の中腹に華厳の根本道場である浮石寺《プツクサ》を創建した。しかし、その地に居た古い宗派の輩五〇〇人ほどの群僧が寺の創建を反対して殴りこんできた。義湘の守護神と化した善妙は空中を飛ぶ大きさが一里もある浮石になって伽藍の屋根の上に今にも落ちそうに止まった。この神秘なできごとを目の当たりにした暴徒たちは散々に逃げ帰ってしまったという。

この説話は「宋高僧伝」（九八八年）の義湘伝に伝えられるものである。今も浮石寺の無量寿殿《ムリャンスジョン》下に埋まっている石龍がそれである。

義湘を助けるため千里異国の地に来るようになった善妙の魂は、一三〇〇年以上浮石寺《プソクサ》を護り続けて生きている。浮石寺には「善妙閣《ソンミョガク》」と「善妙井《ソンミョジョン》」と呼ばれる井戸がある。

義湘と善妙

第19話　「華厳一乗法界図」を遺す　義湘②

義湘（六二五～七〇二年）は海東華厳宗（「華厳経」を根本経典とする朝鮮の宗派）の開祖である。一九歳（六四三年）で出家し、六六一年、唐に留学して当時、華厳の大家であった智儼《チオム》（六〇二～六六八年）の門下に入り、長安の終南山・至相寺で華厳経を深く研究して認證《にんしょう》を受けた。義湘は恩師の死後その後を継ぎ門下を指導したが文武王一一年（六七一）に帰国した。そのとき義湘は唐軍が新羅に攻めてくるという情報をもたらし国の危急を救ったとされる（「三国遺事」）。

新羅に帰国した義湘は洛山寺の観音窟で観音菩薩に祈祷した。その時の発願文である「白花道場発願文」は彼の観音信仰を知らしめる二六一文字の簡潔な名文である。

また、義湘は「華厳経」を研究した内容を「法性圓融無二相　諸法不動本来寂」で始まる七言三〇句の偈《ケ》（詩）二一〇文字で表した「華厳一乗法界図」を遺し、あらゆる存在が互いに影響を与えて調和をなすと唱えた。瞬間と永遠が出会い極小と宇宙が互いに譲り合い相互に浸透する。すべてのものは圓融会通し一木一草のなかに仏が宿り仏も衆生も本来差別がない。義湘の中には相生と和合、調和

海東華厳宗の開祖義湘の法孫順応と彼の弟子理貞が新羅王室の寄進を受けて創建された海印寺

と均衡が息づいている。義湘の後、華厳思想は大河の流れになり朝鮮に浸透した。

義湘は後継者を育てることにとくに熱心で多くの弟子を育てた。一〇聖弟子である悟眞《オジン》・智通《チトン》・表訓《ピョフン》・眞定《チンジョン》・眞蔵《チンジャン》・道融《トユン》・良圓《ヤンウォン》・相元《サンウォン》・能仁《ヌンイン》・義寂《ウィジョク》和尚たちが義湘の後を継ぎ八世紀前般まで華厳教学を継承・発展させた。

新羅時代に建てられた太白山《テベクサン》・浮石寺《プソクサ》（榮州）をはじめ八公山《パルゴンサン》・美理寺《ミリサ》（大邱）、地異山《チリサン》・華厳寺《ファオムサ》、迦耶山《カヤサン》・海印寺《ヘインサ》、迦耶峡《カヤヒョプ》・普願寺《ポウォンサ》、鶏龍山《ケリョンサン》・甲寺《カプサ》、朔州《サクチュ》・華山寺《ファサンサ》、金井山《クムジョンサン》・梵魚寺《ポモサ》（釜山）、毘瑟山《ピスルサン》・玉泉寺《オクチョンサ》、母岳山《モアクサン》・国神寺《ククシンサ》を華厳一〇刹と呼ぶ。

第五講

禅の伝来

禅雲寺　兜率庵（全羅北道）

第20話　本来清浄な人のこころ　達磨から慧能へ

仏教の流れの中で達磨大師《だるまだいし》に始まる中国の禅宗《ぜんしゅう》は朝鮮で大きく根付いた。

菩提達磨《ぼだいだるま》はペルシャの人ともインド香至国の王子とも言われるが定かではない。五二〇年、現在の南京で「仏心天子」と称えられるほど仏教心の厚い梁《りょう》の武帝《ぶてい》が達磨大師に己の功徳《くどく》を訊ねると達磨は言下に「無功徳《むくどく》」と言って席を立った。何か欲しいと下心があって功徳するようでは本当の功徳ではないと言ったのである。達磨は揚子江《ようすこう》を越え嵩山《すうざん》の少林寺《しょうりんじ》に入り、九年間壁の前で座禅を組んだ。目の前の何かを見ながら座禅を組むのではなく、すべてを遮断してこころの静けさを求める。迷いを断ち、感情を鎮め、こころを明らかにして静かなこころを得る。「面壁九年《めんぺきくねん》」として有名な逸話である。

達磨は人のこころは本来清浄であることを弟子の慧可《えか》（二祖、四八七〜五九三年）に伝える。努力して習得する「習禅」ではなく悟りを開き、安心する禅である。達磨以前の禅は呼吸法や瞑想の実践修行法である観法《かんぽう》を主とする「習禅」であったが、禅宗は達磨を境に時代的に区別され、六祖・慧能《えのう》（六三八〜七一三年）に至り祖師禅《そしぜん》（禅宗の祖といわれる達磨が伝えた禅。六祖慧能の南宗系統の禅）

インドから中国に渡来した達磨による禅の発祥の地と伝えられる、中国禅の名刹・少林寺（河南省）

として定立する。慧能はすべての人には仏性《ぶっしょう》があり人の本性は本来純粋であると説いた（著書「六祖壇経」より）。

慧能は少しずつ分かって行く「漸悟《ぜんご》」（北宗禅）に対しパッとひらめくような「頓悟《とんご》」を提唱したのである。

朝鮮の禅師《ぜんじ》たちは慧能《えのう》和尚の南宗禅《なんしゅうぜん》を受け入れこの地に山門を開いた。慧能門下で展開された南宗禅の流れは現代における曹渓宗《チョゲジョン》の正脈を成し祖師禅《チョサソン》伝統の根幹を成している。

新羅末期に伝来した禅は、王室と貴族たちの腐敗で混乱した社会にあって、地方の豪族を中心に受け入れられた。禅僧たちは自給自足の生活を志向し実践修行にまい進して行った。

第21話　曹溪宗の宗祖となった道義国師

初めて朝鮮に禅を伝えたのは、善徳女王時代に唐で四祖・道信から法を習った法朗《ポプラン》であるが、本格的に祖師禅である南宗禅を伝えた最初の人物は、道義国師《トウィククサ》（生没年未祥）である。朝鮮では道義国師以来、禅宗《ぜんしゅう》が本格的に展開された。道義国師は現在ある曹溪宗《チョゲジョン》の宗祖として崇められている。

道義は七八四年唐に渡り曹溪山にある六祖・慧能《えのう》を祀った祖師堂を訪ね慧能の禅を継承した。洪州の開元寺で西堂智蔵（七三五～八一四年）に学び、百丈山では百丈懐海《ひゃくじょうえかい》（七四九～八一四年）に学んだ。高齢になっても作務（肉体労働）をやめない懐海に、弟子がやめるよう説得した際に「一日無さ《いちじつな》ざれば、一日喰らわず《いちじつくらわず》」と答えた有名な禅僧である。その百丈和尚にして「江西（省）の禅脈がすべて海東（朝鮮）の僧に伝わった」と言わしめたのである。

道義国師は三七年間唐で修業を重ね八二一年に帰国した。そして経典と仏像に依存せず自由に闊歩する個人の主体性を強調する禅の教えを実践した。道義国師は六祖・慧能の教えに則った中国禅宗を朝鮮の禅として広め曹溪宗の宗祖となったのである。

曹溪宗の総本山・曹溪寺（ソウル）

慧能和尚を曹溪とも呼ぶが中国に曹溪宗の宗名はない。朝鮮でのみ達磨に始まり慧能が集大成した中国の禅宗を導入して「曹溪宗」と呼んでいる。

九山禅門《クサンソンムン》の禅師《ソンサ》たち慧能の法脈を意味する曹溪を「生命の根」のように大事にした。そのことから九山禅門全体を曹溪宗《チョゲジョン》と呼ぶようになったのである。従ってこの「曹溪」という宗名は朝鮮の禅宗の主体的な表現であると言える。

曹溪宗の名称が初めて使用されたのは、一一七二年に建てられた大鑑国師の碑である。また、高麗時代の一一三二年に建立された僊鳳寺大覚国師碑《ソンボンサテガククサビ》に曹溪宗の前に使われた「曹溪業」という語が刻まれている。

第22話　内在する仏性を自覚せよ　九山禅門

新羅末期から高麗初期にかけて成立した禅宗《ぜんしゅう》の寺院を九山禅門《クサンソンムン》という。

九山禅門《クサンソンムン》とは迦智《カジ》山門（開創者・普照體澄《ポジョチェジン》和尚）をはじめ實相《シルサン》山門（洪陟《ホンチョク》和尚）、闍堀《サグル》山門（梵日《ポムイル》和尚）、桐裏《トンリ》山門（慧哲《ヘチョル》和尚）、聖住《ソンジュ》山門（朗慧無染《ナンヘムヨム》和尚）、師子《サジャ》山門（道充《トユン》和尚）、曦陽《フィヤン》山門（道憲《トホン》和尚）、鳳林《ポンリム》山門（眞鏡審希《チンギョンシムフィ》和尚）、須彌《スミ》山門（利嚴《リオム》和尚）の九つの山門をいう。この他にも後に多くの山門が成立したがこの九つの山門が大きく成長した。

禅宗は不立文字《ふりゅうもんじ》を主張し、経典に依存せず自分本来のかたちを見つめ仏のこころを悟ろうとするものだ。六祖慧能《ろくそえのう》が主張した「教外別伝《きょうげべつでん》、不立文字《ふりゅうもんじ》」は言語や文字に頼らないで、直接に師から弟子へ以心伝心で悟りを伝えるものであり「直指人心《じきしにんしん》、見性成仏《けんしょうじょうぶつ》」（直指人心・いろいろの方便、言葉や文字などを用いずすぐに人のこころのありさまを指す。見性成仏・自己に本来内在する仏性を自覚すれば人は仏になれる）ともいう。

禅僧たちが開いた山門は当時の首都慶州から遠く離れた山奥につくられた。人里離れた深山渓谷の中に寺院を開かざるを得なかったのは、何よりも中央の教宗（華厳・慈恩・中神・始興の四宗派を統合してできた仏教の一宗派）勢力が禅宗と禅僧を受け入れず排斥したためである。そのような状況のなかで禅宗が維持発展出来たのは、地方の豪族たちの庇護があったからだ。しかし、實相《シルサン》山門をはじめ聖住《ソンジュ》山門、迦智《カジ》山門等の例からは山門開創の初期にかえって王室の援助を受けた事例もある。

九山禅門を開創した禅師達は国王から民百姓に至るまで篤い信頼と尊敬を一身に集めた善知識（指導者）であり仏・菩薩として崇められた。華厳仏教の大家であった禅師たちが唐で祖師禅を受容し新羅の風土に合った禅法を模索し展開した。「教」と「禅」を分離せず華厳の円融思想を土台に祖師禅を受け入れた「禅教一致」が曹溪禅宗の特徴である。

この碑石は、新羅末、九山禅門の一つ、獅子山派を開いた澄暁大師の碑であり、943年に建てられたもの

第六講

高麗時代と名僧たち

開城にある大興山城の北門（写真・文光善）

第23話　高麗時代前期の仏教

仏教は三国時代を通じて朝鮮半島に根付き高麗時代を通して朝鮮的な特色をもち、朝鮮史上最も仏教が隆盛する時代を迎えた。

新羅末期には貴族を中心とした教宗《キョジョン》（法相宗《ポプサンジョン》と華厳宗《ファオムジョン》）が流行り、地方では禅宗が発展した。新羅全盛期の仏教が沈滞したとき禅法が伝来し禅門が全国に拡がったが、貴族たちは堕落し民をないがしろにして党争に走った結果、政治は乱れ巷では盗賊が跋扈し、禅法も民心を救済することができなかった。

一〇世紀に差し掛かり、地方では後百済《フペクチェ》と後高句麗《フコグリョ》が建国され、新羅は後三国時代《フサムグクシデ》に入る。後百済《フペクチェ》を建国した甄萱《キョンフォン》と後高句麗《フコグリョ》を建国した弓裔《クンイェ》は、いずれも弥勒《みろく》信仰を利用して民心の支持を得ようとしていた。弥勒菩薩《みろくぼさつ》は釈迦仏の予言によってその寿命が四千歳（人間の五六億七千万年）尽きた時、この世に下生して弥勒仏となり釈迦仏の代わりとなるとされる。釈迦亡きあと衆生の苦しみを救済してくれる弥勒仏の再来を望む民衆に対し僧侶出身の弓裔は弥勒仏の再来を自称し行列を提灯で飾り僧侶を侍らせたりした。

この混乱した「後三国」を統一し朝鮮半島を初めて統一した高麗がそれまでの仏教をそのまま引き継ぎ国家創建の大道とした。

弓裔勢力を排除し高麗を建国した王建《ワンゴン》は、ながらく禅宗の後援者であったために禅宗から強い支持を得た。一方、教宗も積極的に支援したものの華厳宗の場合は王建を支持する勢力と甄萱《キョンフォン》を支持する勢力とで分裂が見られた。王建《ワンゴン》は高麗を創建し国家的な崇仏政策を行い後三国の対立と葛藤で荒んだ民心を収集し和合を成す国民糾合の中心に仏教をおいたのである。

太祖王建は統一国家の偉業を成し遂げられたのも仏恩によるものであるとして子孫に「訓要十条」と言う教訓を遺し仏教行事である燃灯会、八関会を毎年行わせた。

第24話　民族の悲願、三国統一を成し遂げる　王建①

王建《ワンゴン》（八七七～九四三年）は混迷の後三国を統一し、民族の悲願である統一を成遂げ高麗五〇〇年の礎を築いた。王建の誕生は新羅末の禅師《ぜんじ》・道詵《トソン》（八〇九～八九八年）によって予言されたと伝えられる。

王建《ワンゴン》の祖父・作帝建《チャクチェゴン》は俗離山《ソンリサン》の長岬寺《チャンガプサ》に入り読経三昧の修業をしたことで知られ、祖母と父母は中国から帰国した了悟禅師《ヨオソンサ》・順之《スンジ》のために松岳山《ソンアクサン》のふもとに隋雲寺《スウンサ》を建立するほど信心の厚い仏教信者であった。この様に仏縁の深い家庭に育った王建は、統一戦争の最中にも禅宗・教宗の高僧たちと交流し、四無畏大師《サムウェテサ》を初め多くの僧侶の助言を得た。

王位に就いた王建は高麗国を創れたのも仏法の加護によるものとして仏教に帰依《きえ》し、たくさんのお寺と塔をつくり仏事を拡げた。高句麗の広開土王（好太王）が平壌に九つの寺を建てたように首都・松岳（開城）に法王寺・慈雲寺・王輪寺・内帝釋院・舎邦寺・普済寺・新興寺・文殊寺・圓通寺・地蔵寺などの一〇刹を建てた。さらに五冠山《オグアンサン》に大興寺《テフンサ》を、太祖の昔の家を廣明寺《クアンミョンサ》とし、宮城・満月台《マンウォルテ》の西北に日月寺《イルウォルサ》を建てた。それに止まらず外帝釋院・九耀堂・神衆院・興国寺・智妙寺を建て、九四〇年には天護山《チョンホサン》に開泰寺《ケテサ》が完成し、王自ら発願文を収めた。この開泰寺は太祖が九三六年に後百済王・神剣《シンゴム》を連山で撃破し後三国を統一した記念に建て始めたお寺である。

王建は新羅が三国を統一した時皇龍寺《ファンヨンサ》・九層の塔を建立し「国泰民安」を祈願した故事に習い開城に七層塔を、平壌に九層塔を建てた。太祖が建てた寺院は五〇〇に上るとされ、叢林《そうりん》・禅院《ぜんいん》・仏像《ぶつぞう》・塔婆《とうば》は三五〇〇か所に及ぶとされる。

九四三年、太祖は亡くなる前に子孫の王たちが守るべき一〇カ条の遺訓を残した。そこには第一に仏法を信奉し仏教行事を持続的に行うよう記されている。

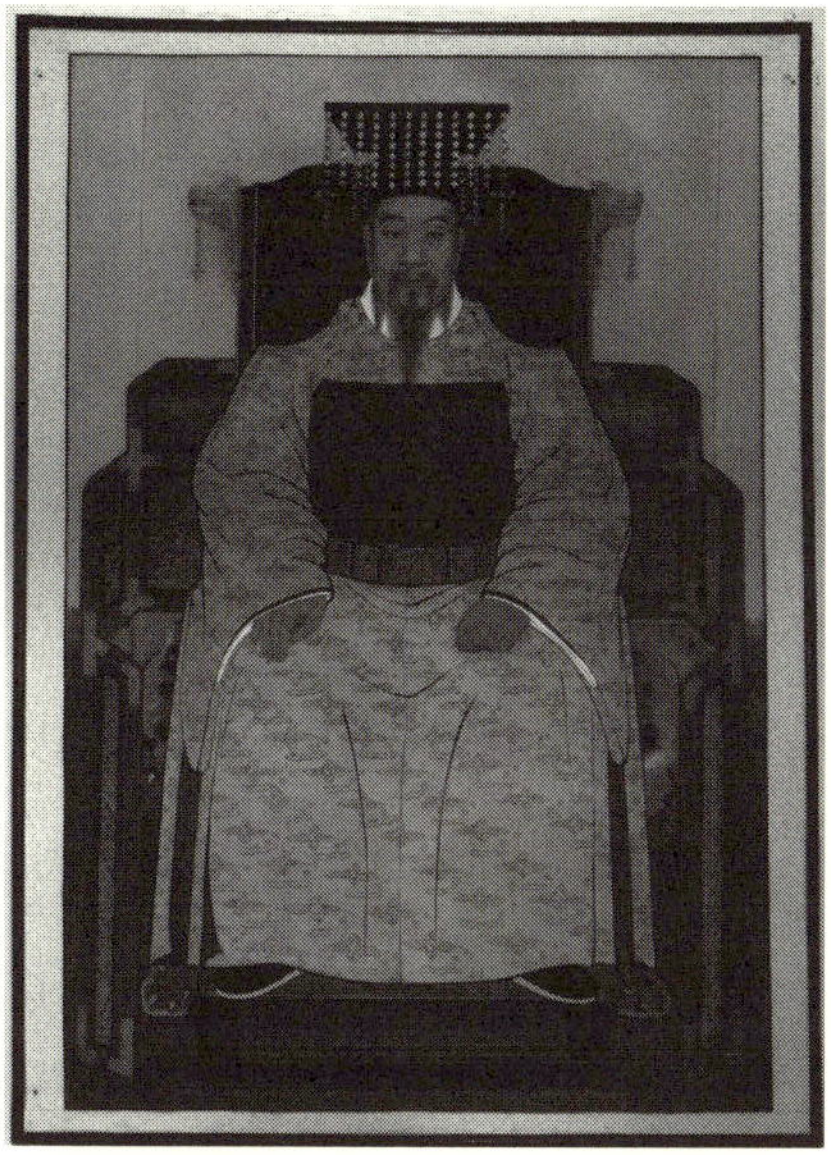
王建の肖像画

第25話　「訓要十条」を遺す　王建②

王建《ワンゴン》の遺した「訓要十条《フンヨシプチョ》」のうち仏教に関連する部分をみると次のようである。

第一条　国の大業は必ず仏《ほとけ》の加護によるものであるから禅宗《ぜんしゅう》と教宗《きょうしゅう》の寺院を創建し住職を送り其々治めるようにするが奸臣たちが僧侶の請託を受け、各寺院を取り合う様なことがあってはならない。

第二条　すべての寺院は道詵《トソン》の意見に従い山水の善悪を分け創建された。道?は自分が定めた場所以外に寺を建てれば地徳を毀損《きそん》し国運が衰退すると言った。後世の王たちは勝手に寺を創ってはならない。

第六条　私の特別な関心は、燃灯会《ヨンドゥンフェ》と八関会《パルグァンフェ》にある。燃灯会《ヨンドゥンフェ》は仏《ほとけ》を祀《まつ》るものであり、八関会《パルグァンフェ》は天の心霊と五岳・名山・大川・龍神を祀《まつ》るものであるから後世に奸臣がこれを加えたり無くしたりしてはならない。この日は国家行事と重ならない様にして王と臣下が共に楽しむように誓ったのでそのように施行せよ。

歴代の王は毎年燃灯会《ヨンドゥンフェ》と八関会《パルグァンフェ》を催し数百、数千人の僧侶に食べ物を提供する飯僧法会《はんそうほうえ》を開いた。四代・光宗（九四三〜九七五年）は、仏教の科挙制度である僧科を実施して合格した者には「大徳」という位を与えた。教宗では「僧統」、禅宗では「大禅師」まで昇進することができ僧侶が官吏に登用される道が開かれた。さらに名高い高僧を王の補佐である王師として迎え国事に至るまで諮問した。仏教に関連する業務を主管する官庁として「僧録司《スンノクサ》」が置かれ僧籍《そうせき》を管理し住職を任命した。

契丹族《コラン》の侵入に苦しんだ高麗は、八代・顕宗《ヒョンジョン》（一〇一〇〜一〇三一年）のとき、仏の加護により外敵を撃退すべく大蔵経《テジャンギョン》を彫り始め一〇二九年に最初の完成を迎え、一〇六七年に再び板刻を始め、一〇八七年に完成した。しかしこの「初彫大蔵経」は一二三二年のモンゴル侵入によってすべて燃やされ灰となってしまった。

第26話　王建の遺訓による八関会と然灯会

王建の遺訓により高麗時代を通じて行われた八関会《パルグァンフェ》と然灯会《ヨンドゥンフェ》とはどのような行事だったのか。仏教の戒律には在家信者が受ける八戒《はっかい》がある。八戒《はっかい》とは一日一夜を限って守る八つの戒めで①生き物を殺さない、②盗みをしない、③性交をしない、④うそをいわない、⑤酒を飲まない、⑥装身化粧をやめ（きらびやかに飾らぬ）、歌舞を聴視しない、⑦高くゆったりしたベッドに寝ない、⑧昼以降何も食べない。以上八つを守るものである。この八戒《はっかい》を授ける斎会を八関会と言ったが八関会は仏教儀式でありながら民俗的な信仰と道教的な色彩も色濃かった。

最初の八関会は九一八年太祖元年に催され、毎年一一月一五日前後に行われた。この日は宮中の庭に大きな丸い輪灯を建て、その周りに香炉をたくさん置いて、その前で歌舞を披露し遊びを繰り広げた。百官が行列をしてお辞儀をして王は高いところからそれを見守った。高麗時代の八関会には宋の使臣や商人、女眞、日本人なども参加した。この八関会は国家的な仏教行事であったて絢爛豪華、きらびやかなものだった。

然灯会《ヨンドゥンフェ》は仏を供養する行事のひとつで、唐の上院観燈会に由来するとされる。記録に初めて残るのは新羅景文王《キョンムンワン》六年（八九六年）であるが首都・慶州に限られた。高麗では首都・開京で国が主導し太祖・王建に対する忠誠と国家の繁栄を祈願する行事として行われ、国中が毎年正月一五日に二日間明りを灯す国家行事として盛大に繰り拡げられた。六代成宗《ソンジョン》のときこの行事が一時廃止されたが八代顕宗《ヒョンジョン》一年（一〇一〇年）二月に復活してからは二月一五日に行われた。一三五二年恭愍王《コンミンワン》時代に釈迦の誕生日である四月八日に合わせて開くようになった。八関会《パルグアンフェ》と然灯会《ヨンドゥンフェ》の他に僧侶を供養する飯僧会《はんそうえ》が高麗時代を通じて行われたが僧侶の数が三万人から一〇万人に上る時さえあった。

現在も息づく仏教行事、八関会の再現

第27話　宋に密航して諸学を学ぶ　義天①

開城・霊通寺《ヨントンサ》には一一二五年に建立された大覚国師《テガククサ》・義天《ウィチョン》（一〇五五～一一〇一年）の業績を記した大きな碑が石亀の上に建っている。

義天の父は三七年の治世を通して高麗建国以来最高の黄金時代を築いた一一代王・文宗《ムンジョン》（一〇四六～一〇八三年）であり、一二代王・順宗《スンジョン》（一〇八三年）、一三代王・宣宗《ソンジョン》（一〇八三～一〇九四年）と一五代王・粛宗《スクチョン》（一〇九五～一一〇五年）の三人は義天の兄である。

太祖・王建《ワンゴン》の遺訓に従い仏教が殆ど国教のような地位を占めていた高麗歴代王室の信仏心は、王子を出家させることを見ても分かるが、王室に限らず庶民も息子の多い家では一人を出家するようにした。文宗が王子たちを集め「誰が出家して福田を耕すのか」と問うと第四王子の煦《フ》（義天）が手をあげた。

一一歳で出家して　開城・霊通寺《ヨントンサ》の王師・爛圓《ランウォン》（景徳国師）の下で得度した義天は華厳教観を習い一三歳のとき教宗の最高位・僧統《スントン》の位を父王から授かった。仏教を深く知ろうとする義天の思いは熱

復元された霊通寺（写真・文光善）

く文宗に求法のため宋への留学を幾度と請願したが海路が険しいということで許可が下りなかった。文宗が死んだ後宣宗二年（一〇八五年）、三一歳になった義天は意を決して宋に渡った。義天の密航で宮中は引っくり返るような騒ぎになったが、宋に着いた義天は宋の皇帝・哲宗の歓待を受け浄源法師をはじめ有誠・善總から華厳を、従諫から天台教学を、擇其から律と浄土を、宋本・了元から禅を、天吉祥から梵学を習った。諸学の大家に直接会って教えを乞い仏教理論を学んだが安否を気遣う母・仁誉太后の強い要請で一四カ月ぶりに帰国した。

義天は密航を反省する「乞罪表」を宣宗に出すが、宣宗は咎めるどころか奉恩寺で盛大な歓迎式を開き、父王が建立した当時では最大の寺・華厳大刹・興王寺《フンワンサ》の住職に任命した。

第28話　仏教文献を蒐集して目録をつくる　義天②

大覚国師《テガククサ》・義天《ウィチョン》は海路宋に入って法流をあまねく視察して帰るや、興王寺《フンワンサ》に教蔵都監《キョジャントガム》を置いて本国と遼、宋、日本にある典籍を蒐集してその目録を作り刊行した。

高麗では顕宗二年（一〇一一年）から四〇年の歳月を費やし初彫版大蔵経が完成した。初彫版大蔵経は一〇七六部五〇四八巻からなる膨大なものである。義天が蒐集して作った教蔵は「大蔵経《テジャンギョン》」に対する注釈書（章疏《しょうしょ》）であるので俗に「続蔵経《ソクチャンギョン》」とも言う。

義天は中国に居る時、各宗派の研究書三千冊を蒐集し、帰国してからも国内をはじめ宋・遼・日本にも人を派遣して仏教の文献を蒐集した。そして経典に対する注釈書（章疏《しょうしょ》）を経典別に分類した目録集三巻を完成させた。その目録集が「新編諸宗教蔵總録」三巻である。経《きょう》・律《りつ》・論《ろん》の三蔵《さんぞう》の正本とその注釈書である章疏《しょうしょ》を蒐集してつくられたこの目録には新羅・契丹をはじめ当時の東アジアにおけるあらゆる経典の研究書が総括され現在では無くなったものも網羅され歴史的価値が高い。

義天が興王寺に置いた教蔵都監《キョジャントガム》ではこの目録に従い教蔵を刊行した。上巻には経の章疏《しょうしょ》五六一部二五八六巻、中巻には律の章疏《しょうしょ》一四二部四六七巻、下巻には論の章疏《しょうしょ》三〇七部一六八七巻が収録され合わせて一〇一〇部四七四〇余巻になる。これを高麗教蔵《コリョキョジャン》（続蔵経《ソクチャンギョン》）というが、この教蔵刊行事業は義天が亡くなった次の年一一〇二年まで続いた。

義天による続蔵経《ソクチャンギョン》一〇一〇部四七四〇余巻の刊行は仏教界における不朽の偉業になった。この時刊行された本は宋・遼・日本に伝わり各国で仏教の発展に大きく寄与した。

義天は高麗教蔵以外にも華厳宗の重要文献を抜粋して編集した「圓宗文類《えんしゅうぶんるい》」二二巻と僧侶の碑文を集めた「釋苑詞林《しゃくえんじりん》」二五〇巻を編集するなど仏教文献の蒐集と整理に心血を注いだ。

大覚国師・義天の墓

第29話　天台宗の開創を宣言　義天③

天台宗が一宗派として朝鮮に開立されたのは大覚国師《テガククサ》・義天《ウイチヨン》によってである。

高麗初期（九六〇年）に高麗僧・諦観《チエグアン》が天台宗の教籍を宋に伝え、唐末五代の乱世により仏教経典が壊滅に帰した宋の天台教観を再興した。諦観《チエグアン》をはじめ多くの僧が中国に渡ったが義通《ウイトン》（九二七～九八八年）は中国天台宗の一六祖になり宋の天台宗復興に寄与した。

義通《ウイトン》の流れを引き継いだ大覚国師《テガククサ》・義天《ウイチヨン》は粛宗《スクチヨン》が開城に建てた国清寺の第一世住職に就任し、粛宗《スクチヨン》二年（一〇九七年）粛宗《スクチヨン》と一千余の僧侶の前で天台教観を講義した。粛宗《スクチヨン》四年（一〇九九年）、義天が第一回の天台宗僧選を行い、天台宗の開創を世に宣言することにより台宗は公認された一宗派となった。国清寺は天台宗発祥の根本道場となり国家の厚い庇護を受けた。義天が天台教観を講説するにつけ当代の新進仏学徒一千余名が国清寺に集まり、九山禅門の優秀な僧侶たちも天台宗に大勢入って来るようになり、華厳宗の僧侶たちも国清寺に集まるようになった。

本来、義天は華厳宗から出発したが、天台宗に改宗したのは天台思想の核心である「会三帰一」、

大覚国師・義天の肖像（霊通寺、撮影・文光善）

「一心三観」の教義と「一心」を強調した元暁の教えを中心に据えて、「禅」と「教」が並立あるいは対立していくつもの宗派に分かれていた高麗仏教をひとつにまとめあげることができると判断したからである。

いわば天台思想を土台にして仏教改革を行い、禅教両宗をまとめ国論を統一しようとしたのである。禅と教、両宗の円融的会通という実践的な段階を目指した義天の努力により天台宗は高麗中期最大の宗派に成長した。大覚国師・義天は今から約九〇〇年前の一一〇一年に五七歳で亡くなったが教雄《キョウン》（一〇七六〜一一四二年）を初めとする優れた高僧を数多く育て高麗天台宗は一大隆盛期を迎えた。

第30話　「禅教一致」の伝統を打ちたてる　知訥①

高麗中期、太平の世が長く続き宴会に明けくれる貴族たちに武臣や民衆の不満は溜まる一方であった。西京《ソギョン》（平壌）を拠点に起きた妙清《ミョチョン》の乱（一一三五）、文人の横暴に業を煮やした武人《ムイン》・鄭仲夫《チョンジュンブ》の乱（一一七〇）、続いて武臣同士の争いが相次ぎ王権は衰退した。政権を握った武人達の横暴により民草はやせ細った。過酷な収奪に業を煮やした民衆の蜂起が各地で続きその中でも亡伊《マンイ》と亡小伊《マンソイ》の民乱（一一七六）が破竹の勢いで開京《ケギョン》（開城）に迫り身分制度の撤廃を要求したが鎮圧された。一一八四年、武臣・崔忠献《チェチュンホン》の政変により李義方《リウィバン》が除去され武臣の間で繰り広げられた政争は一端収まった。しかし王権と貴族たちに庇護されてきた僧侶たちは武臣政権に反対し反崔忠献の戦いに出た。一一七四年李義方《リウィバン》の軍勢によって武装して立ち上がった僧侶のうち帰法寺の一〇〇人の僧が、一二一七年には契丹の侵略を撃退するため動員された興王寺・弘圓寺・景福寺・王輪寺・安養寺等の三〇〇人を超す僧侶達が崔忠献《チェチュンホン》打倒を叫んで犠牲になった。その後南渓川《ナムゲチョン》で首を刎ねられた僧侶は八〇〇人にのぼると言う。僧軍が決戦をしかけたともいえるが、崔忠献《チェチュンホン》側でも徹底的に弾圧を加え武臣政権と僧侶の関係はどうにもならなくなった。しかし、武臣政権が天下を制圧し、安定すると僧侶達も次第に武臣政権を認めざるを得なくなる一方、武臣たちも仏教勢力を吸収することで民心を取り戻そうとした。

混乱の世の中に仏教寺院で反武臣闘争が繰り広げられる当時の状況を危惧し政治に介入することなく宗教活動を展開した民僧・知訥《チヌル》（一一五八～一二一〇年）がいた。九山禅門《クサンソンムン》のひとつ闍堀山門《サグルサンムン》の僧であった知訥《チヌル》は当時の堕落した仏教界を嘆き結社運動であった「定慧結社《チョンヘキョルサ》」を通じてこころを磨く修心仏教を確立して「禅教一致」の伝統を打ちたてた。

松廣寺に安置された知訥の肖像画

第31話　曹溪宗中興の祖　知訥②

仏日普照国師《プルイルポジョクッサ》・知訥《チヌル》は、曹溪宗《チョゲジョン》中興の祖であり、朝鮮の禅宗としての曹溪宗を確立した僧である。禅の思想はすでに元暁の思想においても底流を成しているが、中国の禅思想が朝鮮に入ってくるのは、新羅の道義和尚《トウィ》からであり九山禅門《クサンソンムン》が形成された。

六祖・慧能の住山にちなんで曹溪宗《チョゲジョン》と呼ぶようになったが、卓越した品性と真摯な探求精神を併せ持った知訥により、曹溪宗は大陸の一人の祖師の教えを盲目的に模倣するのではなく、朝鮮的な要件の中で正道を歩むようになった。知訥は九山禅門の伝統を継承し禅宗を中心に教宗まで一緒にひとつになり、中国の看話禅《カンファソン》（悟りを開くために先哲の話を問題として工夫する方法による禅）を取り入れた曹溪宗《チョゲジョン》独特の禅風を打ち立てた。

知訥は人間誰しも自分が本来仏《ほとけ》に外ならないことを確実に信じることから始まり、その本来の仏《ほとけ》である自己を実現するために最善の努力を傾ける「頓悟漸修《トンオチョムス》」を唱えた。頓悟《トンオ》とは我々の心そのものが仏心《ぶっしん》であることを悟《さと》ることで、それを体現するために勇猛精進《ヨンメンチョンジン》するのが漸修《チョムス》である。本来仏《ほとけ》であるこ

普門寺

とが即ち眞心《チンシム》である。ならば眞心《チンシム》をいかに体現するのか。知訥は十の修行法を明かしている。そのひとつでもやりぬけば悪の臭気が容易に取り除けて眞心《チンシム》が現れるので根気よく実らせるように教えた。悟りの大切さとその後の修業の重要性を指摘している。少しの間でも煩悩を無くす縁をつくれば修業する業は揺るぐことはない。こころを磨いてこそ苦悩と執着心を取り除き戒律と禅定で三昧が得られることを一貫して教えた。

　宗派の対立が激しい仏教の世界に於いて、対立と矛盾を解消し会通と統合に導く和の会通精神こそ、「禅教一致」を目指した知訥の禅思想であり曹溪宗《チョゲジョン》の重要な禅風である。

　知訥の日常生活そのものが三昧《サムメ》（心が安定した状態・禅定）と般若《パンヤ》（最上の智慧）のお手本であった。

第32話　国難の時代に生きた禅僧　一然①

一然禅師《イルヨンソンサ》（一二〇六～一二八九年）は高麗中期、元の侵入による困難な国難の時代に生きた禅僧である。「三国遺事《サムグクユサ》」五巻を仏教者の目で執筆した歴史家として名高い。

一然和尚は九山禅門《クサンソンムン》・迦智山派《カジサンパ》（開祖・道《トウィ》）の雪嶽山《ソラクサン》・陳田寺《チンジョンサ》で一四歳のとき出家し得度した。二二歳の時（一二二七年）科挙の僧科に首席で及第、慶尚北道玄風の宝幢庵《ポダンアム》で修業した。三一歳（高宗二三年）の時モンゴル軍の戦禍を逃れていた無住庵《ムジュアム》で「衆生《しゅじょう》の世界は不滅であり仏の世界は増えることはない（生界不滅　仏界不増）」という話頭《わとう》（禅的問題、公案のこと）に出会い大きく悟りを開いた。一二四九年、宰相であった鄭晏《チョンアン》が自宅を喜捨して建てた定林寺《チョンリムサ》の住職を務めた。

高麗時代に造られた八万大蔵経（一二五一年完成）の版刻事業は当時の執権者崔怡《チェイ》（崔忠献の息子）の統括の下、王が避難の為遷都した江華島《カンファド》に大蔵都監《テジャントガム》を置き更に南海《ナメ》に分司大蔵都監《プンサテジャントガム》を置いて進められたが南海の分司大蔵都監で相当量の大蔵経《テジャンギョン》を版刻するのに定林寺に居た一然和尚が役割を果たした。一然和尚は禅宗の僧侶でありながら教学にも深い理解と博識を持つ大学者であった。

一然禅師の肖像画

一二五九年、一然《イルヨン》は大禅師《テソンサ》の僧階を受け一二六一年（元宗二年）には王命を受け開京（開城）・禅月社《ソンウォルサ》に移り、慶南迎日《ヨンイル》・雲梯山《ウンジェサン》の吾魚社《オオサ》、仁弘寺《インホンサ》の住職を務め、元宗九年（一二六八年）王が開京に名僧一〇〇余名を呼んで開いた大蔵落成回向法会《だいぞうらくせいえこうほうえ》を主管した。

七七歳になった一然は忠烈王《チュンヨルワン》三年（一二七七年）王命により迦智山《カジサン》・雲門寺《ウンムンサ》の住職になり「三国遺事《サムグクユサ》」の執筆を始めた。一然の著作は一〇〇巻を越えるが現存するのは「三国遺事《サムグクユサ》」と「重編曹洞五位《チュンピョンチョドンオウィ》」のみである。

開京廣明寺《クァンミョンサ》で王室の帰依を受け住職として仕え、一二八三年、国尊になり圓徑沖照《ウォンギョンチュンジョ》・普覚《ポガク》のし号を受けた。故郷に近い麟角寺《リンガクサ》で一然禅師は八四歳でこの世を去った。

第33話　民族的覚醒のために書いた「三国遺事」一然②

一然《イルヨン》和尚が生涯をかけて完成させた「三国遺事《サムグクユサ》」は、国土をモンゴルに踏みにじられた戦乱のなかで、自国の文化に対する限りない愛情と伝統意識をもって高麗社会の民族的覚醒を呼び起こすために仏教を中心として書かれた。

対モンゴル抗争の試練の中で民族史の体系を整理した「三国遺事」は仁宗《インジョン》のとき金富軾《キムブシク》（一〇七五～一一五一年）が王命により著述した「三国史記《サムグクサギ》」（一一四五年）から一四〇年後に書かれたが性格は大きく違う。

一然は「三国遺事」で超人間的な仏や菩薩の慈悲が人間社会に作用したとする歴史を展開した。民族史の認識において我々が中国とは異なる独自の建国紀元をもつ民族であり、その年代は中国古代伝説の堯《ぎょう》に相当するとした。

檀君朝鮮《タングンチョソン》から始まる民族史は直接天と係わるもので、中国史に隷属されたものでは決してないとし、自主の伝承を強調した。「三国遺事」における檀君神話の意義は外圧にひしめく高麗で民族的一体感

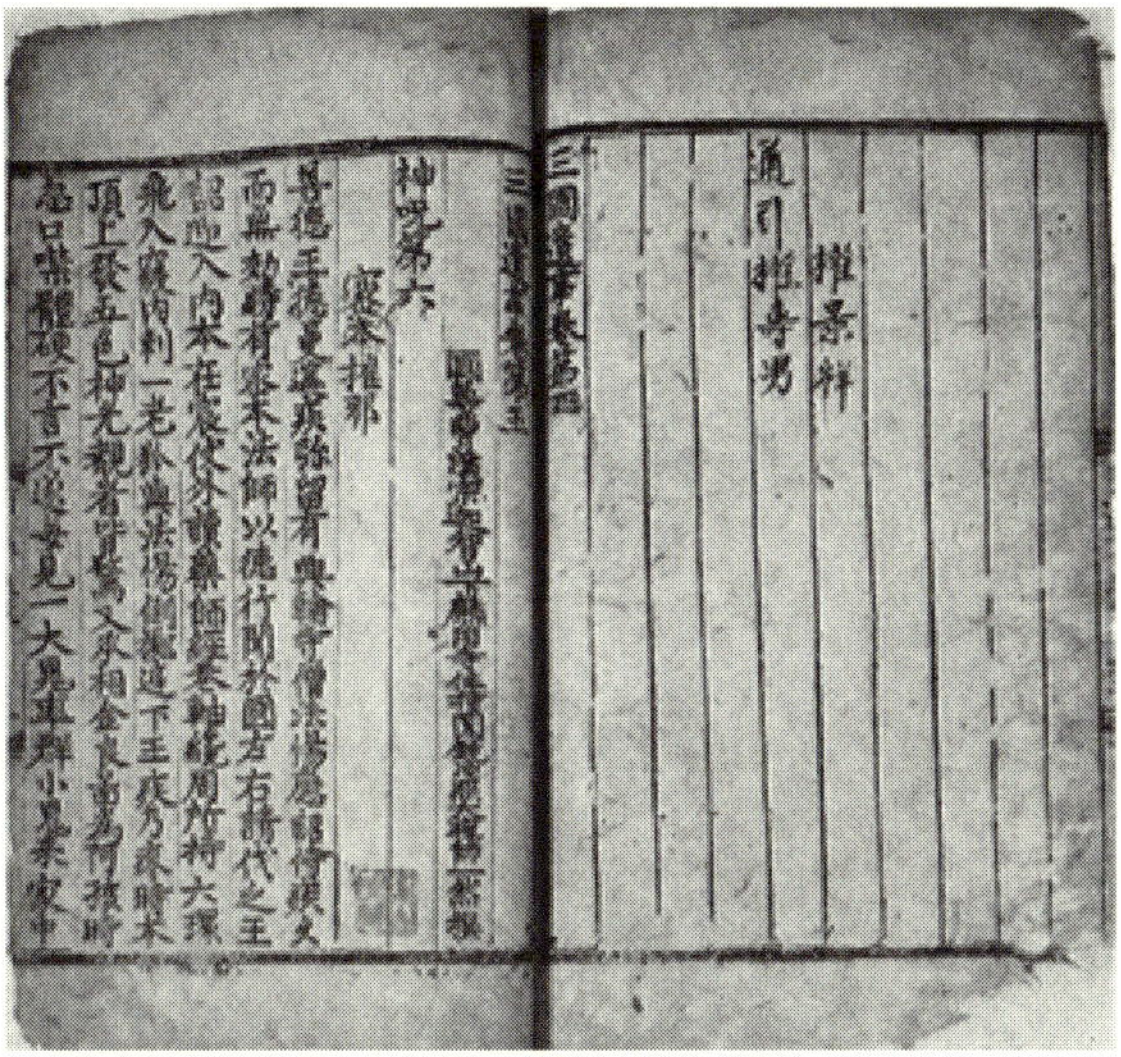

一然が生涯をかけて完成させた「三国遺事」

を精神史的に示したことである。貴族層はもちろん身分の低い庶民と奴婢に至るまで幅広い民衆を歴史の主体に据え著述した。

「三国遺事」「紀異編」では国家の民族史を中心に展開し、古代歴史伝統における「新羅仏国土説」を唱え高麗人が仏教の信仰において征服民族であるモンゴル民族よりはるかに優れた文化民族であると自信と自負を持って著述した。「感通編」にある正秀師求氷女説話では正秀和尚が冬の寒い日にお寺の軒先で寒さに震える乞食の母娘に自分の着ている服を脱いであげそのまま皇龍寺に走って帰り自分はゴザを身体に巻き長い冬の夜をしのいだことが書かれている。最後の「孝善編《ヒョソンピョン》」では社会の基礎単位である家庭と個人の倫理に対して叙述し「孝《ヒョ》」を強調した。

第34話　海印寺に収まる世界文化遺産　八萬大蔵経①

高麗時代に刊行された仏教三蔵の聖典を総称して高麗大蔵経《コリョテジャンギョン》という。蔵《チャン》とは一切の仏教文書や教義を蔵するという意味で仏教発祥の地インドでは経《きょう》・律《りつ》・論《ろん》を総称して三蔵《さんぞう》と言い中国では大蔵経《だいぞうきょう》と言った。大蔵経は釈迦の教えと後世の研究成果を集大成したもので写本であったものが初めて木版に刻まれたのは中国で九八三年（宋・太平興国八年）であった。

高麗時代に大蔵経は二回造られた。一回目の大蔵経は北宋の大蔵経雕造《ちょうぞう》に続くもので一〇一一年（八代顕宗《ヒョンジョン》二年）に造り始め一〇八七年（一三代宣宗《ソンジョン》四年）まで七六年かけて完成した。この大蔵経は五七〇種五九二四巻に及ぶ膨大なもので高麗では初めて造られたものなので初雕大蔵経《チョジョテジャンギョン》と言う。顕宗《ヒョンジョン》が即位して間もなく契丹《コラン》が侵入してきた事がある。顕宗は大蔵経版本を造ることを誓い大蔵経雕造《ちょうぞう》を始めると契丹兵は自ら兵を撤退させたという。

この版本は大邱《テグ》・符仁寺《プインサ》に保管されていたが、一二三二年、モンゴル侵入の時焼失した。現在その刊行本は松廣寺《ソングァンサ》（全南）と京都・南禅寺、長崎・安国寺にその一部が残っている。

高麗八萬大蔵経（南・海印寺）

高麗武臣政権は初雕大蔵経《チョジョテジャンギョン》の護国護法に習い仏の加護でモンゴル兵を撃退し、国民の精神的統一を図ろうと、一二三六年（二三代高宗二三年）から一六年の歳月と国をあげての奮闘で二回目の大蔵経を完成させた。

この大蔵経は再び造られた大蔵経なので再雕大蔵経《チョジョテジャンギョン》とも呼ぶ。これが現在知られている八萬大蔵経である。八萬大蔵経は国宝三二号に指定され木版本一四九六種、六五六八巻、総枚数八万一二五八枚に及ぶ。現在その版木は幾多の戦乱と火災を免れ七六〇年の歳月を経て無事伽耶山・海印寺《ヘインサ》（慶南・陜川《ハプチョン》）蔵経閣《チャンギョンガク》にすべてそのまま収められている。八萬大蔵経版本を収めた海印寺は、一九九五年、世界文化遺産に登録された。

第35話　外敵と戦いながら完成させる　八萬大蔵経②

仏教遺産の至宝である「高麗八萬大蔵経《コリョパルマンテジャンギョン》」は朝鮮民族が誇る偉大な文化遺産である。先祖たちはモンゴルの侵入という国難に立ち向かい、外敵との戦いを続けながら、一六年の歳月を費やし完成させた。七六〇年前の一二五二年に造られ現存する木版では世界最古のものであり、ほぼ完全な形で今日まで遺されているのは奇跡に近い。

大蔵経には目次からだけでも一五一一種六八〇五巻にのぼる文献が網羅され、般若経《はんにゃきょう》、法華経《ほけきょう》、維摩経《ゆいまきょう》、華厳経《けごんきょう》、浄土三部経《じょうどさんぶきょう》など仏教の主要な経典がすべて含まれており他の追随を許さない。

二回目の「高麗八萬大蔵経」を造るのには義天《ウィチョン》（一〇五五〜一一〇一年）の功績が大きい。義天が宋に渡り経《きょう》・律《りつ》・論《ろん》の文献を余すところなく蒐集し、興王寺《フンワンサ》に設けた教蔵都監《キョジャントガム》で生涯をかけて刊行し続けた続蔵経《ソクチャンギョン》（五〇四八巻）が、「高麗八萬大蔵経《コリョパルマンテジャンギョン》」の重要な資料になっている。

八万一二五八枚の経版に刻まれた膨大な数の文字が正確で、誤字、脱字がほとんどなく字形が美しいのも大きな特徴である。火災や戦乱、政治的弾圧などで経典が無くなることもしばしばであった時代に木版で経典を保護した意義は大きい。現在、仏教学研究の最善の資料と言われている日本の「大正新修大蔵経」（一九三二年活字印刷）の底本になっているのも「高麗八萬大蔵経」である。

江華島《カンファンド》に置かれた高麗再雕大蔵経《コリョチエジョテジャンギョン》は朝鮮王朝太祖《テジョ》七年（一三九八年）支天寺《サチョンサ》に移りその後定宗《チョンジョン》元年（一三九九年）に伽耶山《カヤサン》・海印寺《ヘインサ》に運ばれた。その理由としては大蔵経と密接な関係を持った大覚国師・義天が一時海印寺に長く住んだという因年の土地であるということ、高麗末期頻発する倭寇《ウェグ》の略奪から江華島が決して安全な所でなかったということ、そして海印寺が名山中の名山で人の立ち寄れぬ山奥にあり交通が不便で安全であったことなどが挙げられる。

第36話　仏教改革運動を展開　普愚①

高麗仏教の流れは光宗《クァンジョン》の命を受け中国に渡り天台宗を起こした諦観《チェグァン》法師に始まり、大覚国師・義天《ウイチョン》、普照国師《ポジョククサ》・知訥《チヌル》、太古国師《テゴククサ》・普愚《ポウ》へと流れた。
知訥《チヌル》が六祖・慧能《ヘヌン》の南宗禅に源流を置く九山禅門《クサンソンムン》を曹溪宗《チョゲジョン》に改宗し天台禅《てんだいぜん》に対抗することにより高麗仏教は五教両宗《オギョヤンジョン》と呼ばれるようになった。

しかし、高麗末期に至り元の支配を受ける中で仏教界では僧風が乱れ定慧結社《チョンヘキョルサ》の精神が褪色し思想や理念より物質的な利害関係に引きずり込まれ世俗化していった。仏教界の堕落を強烈に批判したのは当時新しい政治勢力として登場した新進士大夫《サデブ》達であった。特に鄭導傳は「仏氏雑弁」を著し仏教批判を繰り広げ儒教による国作りを提唱した。

仏教界のこのような状況を克服し性理学者たちの挑戦に立ち向かうため太古国師《テゴククサ》・普愚《ポウ》（一三〇一～一三八二年）は臨済宗《りんざいしゅう》の禅脈を引き継ぎ朝鮮に看話禅《カンファソン》を根付かせた。

普愚は普照国師《ポジョククサ》・知訥《チヌル》（一二一〇年三月二七日没）の唱えた曹溪禅《チョゲソン》を百丈《ひゃくじょう》（唐の僧侶・懐海《えかい》・

七二〇～八一四年）清規《しんぎ》をもって当時まで乱立していた各宗派を統合し曹溪宗を再統合するのに大きな役割を果たした。

百丈の時代に禅宗は宗旨として独立した寺院も制度となるものもなかった。百丈は法堂・僧堂・方丈の制度をつくり僧侶達に東序・寮元・堂主・化主などの職責を与えた。清規《しんぎ》とは禅院の日常の生活規定で修行僧が拠り所とする規則を言う。

普愚和尚は恭愍王の反元改革政治と歩調を合わせ、仏教改革運動を展開し仏教界内部の活力を取り戻そうとした。このようにして普愚国師は圓融府《ウォニュンブ》を設置し清規《チョンギュ》を導入するなど教団の戒律を整備した。和尚は恭愍王《コンミンワン》にも直に都を漢陽《ハニャン》に移し人心一新を図るよう主張した。普愚和尚は国政にも熱心に関与してあくまで仏教界を改革しようとした。

高麗時代、仏教界の改革に大きな貢献をなした普愚国師

第37話　看話禅を定着させる　普愚②

普愚（一三〇一〜一三八二年）は一三歳で出家し、松都・栴檀園《せんだんえん》で「無字」を研究しながら大悟した。一三四五年、元に渡り燕京の大観寺に逗留しながら湖州・霞霧山の石屋清珙和尚を訪ね、法を習い臨済禅の正脈を引き継いだ。

臨済禅は臨済宗を開いた唐の慧照禅師《けいしょうぜんじ》・義玄和尚《ぎげんおしょう》（七八七〜八六六年）が打ち立てた禅の思想とその品格を意味する。臨済義玄和尚《りんざいぎげんおしょう》は六祖《ろくそ》・慧能《えのう》の法統を継承し「頓悟頓修《とんごとんしゅう》」を標榜する南宗禅に根を置いている。臨済禅は豪放闊達で主体的な自分自身を強調するが義玄の「随所作主立所皆眞《スソチャクチュリプチョケジン》」（随所で主をなせばすべての場所で真理を具現できる）という言葉はよくその思想を表している。

普愚和尚《ポウおしょう》は普照《ポジョ》・知訥《チヌル》とその後継者・慧諶等により普及されていた看話禅《カンファソン》を高麗に確固として定着させ、看話禅の大信根・大疑団・大憤心という三つの修行法についても明らかにした。

「太古語録《テゴオロク》」で普愚《ポウ》は「仏」という言葉自体が覚醒することであるのならすべてのものは心をきれいにすることにある」と説いた。

高麗末期の恭愍王の古墳（開城、写真・文光善）

すべての根本をなす心の本質と特性について普愚は「ひとつのもの（即ち心）があっていつでも人に存在しながら足を上げたり下げたり、動作をするときであれ外界のものや事件に出会ったり、至るところで何時でも頭のうえに現れすべてのものを施し、活動するようにするものを便利に心と呼んでいる。また、これを度ともいい、萬法の王ともいい、また仏とも言う」。

　さらに「心は大きな体容をもち、体は広大な宇宙も森羅万象をもすべて包括し、容は神通自在で現れたり隠れたり縦横無尽で大きな身辺を持つ」と述べている。

　普愚は三角山重興寺の東にある太古庵に住みながら禅門の統合と宗派の和合を通して仏教界を改革するのに尽力した。

第38話　僧科と僧職制度

高麗時代に官吏登用の制度として科挙制度が実施されたが僧侶の科挙である僧科《スンクァ》も高麗時代から始まった。中央集権制封建国家建設を目指した光宗《クァンジョン》（四代王）は九五八年に科挙の実施に伴い僧侶の選抜登用も国家が関与して実施したとみられる。

僧侶の社会的地位を官僚たちと同じ水準にすることで歴代の王たちは王建《ワンゴン》の遺訓である訓要十条《フンヨシプチョ》を守り続けた。高麗時代には僧職として僧録司というものがあり、都僧録・副僧録・僧正という位のものが僧侶と教団のすべての行事を主管したとされる。

僧科には予備試験と本試験があった。予備試験は各山門と宗派で行い本選である大選は国が行った。大選は禅宗《ソンジョン》と教宗《キョジョン》に分かれて廣明寺《クァンミョンサ》と王輪寺《ワンリュンサ》で行い、各大選に合格すれば「大選」という初級の位（法階）が与えられた。しかし、九山禅門《クサンソンムン》に属する禅宗の僧侶が僧科を受けられるようになるのは宣宗《ソンジョン》（一三代王）以降になった。

禅宗系統は大選になった後、大徳─大師─重大師─三重大師─禅師─大禅師と法階が上がり、教宗

高麗王朝第四代王光宗 24 年（973 年）に建立された江原道にある清平寺

系統では大選になった後、大徳—大師—重大師—三重大師—首座—僧統と昇進した。各宗で三重大師以上の禅師、大禅師と首座、僧統の法階を持つものの中から僧侶の最高位である王師と国師が選ばれるが、王師、国師は自動的に昇進するものではなかった。王師・国師は王の政治・学問・人格形成の師となる最高顧問とも言うべき職責で王の厚い信頼を受け大衆からも真に尊敬される僧侶がなった。王師・国師は其々《それぞれ》一代にひとりとなっており、国師が亡くなった場合のみ王師が国師に昇格することが認められていた。全南曹渓山《チョゲサン》・松廣寺《ソングァンサ》は高麗時代に一五名の国師を輩出した僧宝寺院として名高い。

この僧科は高麗時代全般に行われ朝鮮王朝の中葉まで引き継がれたが、時代が変わるにつれ僧侶の法階も少しずつ変わっていった。

第七講

朝鮮王朝時代と名僧たち

妙香山・普賢寺にある酬忠祠

第39話　抑仏斥僧＝法難の時代に山中僧団仏教

高麗時代に全盛を誇った仏教が、朝鮮時代にきてその様相が一変した。高麗末に仏教を排斥しようとした儒者たちは、朝鮮王朝が建国されると本格的に仏教を攻撃し政策的に抑え込もうとした。そして抑仏斥僧《よくふつせきそう》の法難の時代に突入した。

朝鮮時代の仏教を一言で言うならば、それは山中僧団《さんちゅう》一色の仏教、すなわち山僧時代《さんそうじだい》の仏教と言いかえることができる。

李成桂《リソンゲ》に始まりすべての王が仏教を排斥した訳ではないが燕山《ヨンサン》・中宗《チュンジョン》の時代には禅・教両宗が廃止され僧科も中断されるが西山大師《ソサンデサ》・休静《ヒュジョン》（一五二〇〜一六〇四年）により家風が確立され彼の門下および法孫たちによってもう一度仏教を盛り上げることができた。この頃が山中仏教の全盛期と言える。

山中に居を構えた僧家は禅宗でも教宗でもなく、浄土宗でも戒律宗でもなく、顕教でも密教でもない僧団不在の仏教になってしまった。その中で西山大師《ソサンデサ》・休静《ヒュジョン》が山僧の家風を中興させてからはその弟子たちによってその法脈が脈々と継承されてきた。

その一方で僧家は官と貴族（両班）に対して紙と油、位牌木《いはい》とわらじを納めなくてはならずその他にも雑役に従事した。そして国難（壬辰倭乱《イムジンウェラン》や丙子乱《ピョンジャホラン》）に際しては義僧軍を起こし救国の先鋒に立って勇敢に戦った。そして戦後は山城を築き、都城を守備する仕事に付いた。それにもかかわらず僧達は城内や都会への出入りが禁止されいちばん賤しい待遇を受けなくてはならなかったのがこの時代の僧侶の身分であった。

一八九五年、都城の出入り禁止が解禁されるまで山中僧団の法難時代は続いたが修業僧（理判）と寺の事務をみる寺判たちの必死の努力により仏法が守られその法脈は絶えることなく引き継がれてきた。

第40話　寺院の土地と奴婢を没収——太宗代の仏教弾圧

朝鮮王朝は高麗末期に伝来した儒教を国家理念として建国された。よって建国初期から儒教国家の基礎を確立させるため一連の仏教整理作業が行われ、朝鮮時代は仏教が弾圧を受け日陰に隠れて過ごした時代であった。

太祖・李成桂（九一八〜九四三年）は建国後仏教排斥に関する性理学者たちの上訴をはねのけ抑佛政策に走らなかった。それには朝鮮建国に大きな役割を果たした無学大師と仏教界の力がまだ作用したからである。

しかし、三代王・太宗（一四〇〇〜一四一八年）が即位すると状況は変わり、仏教勢力を排除するための本格的な抑仏政策が始まった。国家財政と人的資源の確保さらに王権を確立するための現実的な要求でもあったからだ。

太宗の仏教弾圧は大きく五つに分けられる。

第一に、宗派を統廃合し寺院の土地と奴婢を没収した。一年少しの間に一一あった宗派を七宗に統

朝鮮王朝の第三代王・太宗が1405年に離宮として造営した昌徳宮。世界遺産に指定されている

廃合した。高麗後期の寺院は全農地の約八分の一以上を所有していたが太宗代に入り約九割の土地と奴婢が没収された。一方、一〇万いた僧侶の数も一万に減り仏教界は大きな打撃を受けた。

第二は、王師・国師の廃止である。無学大師亡きあと王師・国師は任命されなかった。

第三は、陵寺制の廃止である。世宗・世祖・徳宗・睿宗は例外的に陵寺を建てたが国家が王室の陵を管理する制度を廃止した。

第四は、度牒制度（僧尼が出家する際朝廷が許可証を発行する制度）の厳格な適用であり出家により税を免れる者を防ごうとした。

第五には、寺院や仏像を新たに造れないようにし、斎会を禁止した。太宗は一四〇六年に寺院を二四二だけ残し残りは整理し、町や村の中心にあった寺院を名山の大寺院中心に再編成し結果的に風光明媚な山奥に寺院が移ることになった。

第41話　稀代の暴君燕山君と中宗の弾圧

高麗末期から朝鮮時代初期の斥仏運動は、儒学者たちの思想闘争と言うよりは仏教勢力の経済力をはぎ取ることに主眼があった。太宗《テジョン》・世宗《セジョン》代の仏教政策は宗団の統廃合と縮小、寺院の土地と奴婢の没収などが抑仏政策の骨格を成していた。しかし、燕山君《ヨンサングン》（一四九四～一五〇六年）と中宗《チュンジョン》（一五〇六～一五四四年）の仏教政策は仏教の完全抹殺を目標にしていた。

燕山君《ヨンサングン》は朝鮮王朝を通じて最悪の暴君として知られる。燕山君は太宗代にほとんどの土地・奴婢が没収されいくらも残らない寺院の土地と奴婢さえも完全に圧収してしまった。

更に僧侶になるための出家を禁止し、二〇歳以下の比丘尼《ピグニ》を強制的に還俗させ、比丘尼を妾として囲わさせ、圓覚寺《ウォンガクサ》を妓房《キバン》に変えてしまうなど廃倫的な仏教抹殺政策を取った。禅・教両宗の総本山である興徳寺《フンドクサ》（教宗）と興天寺《フンチョンサ》（禅宗）が何者かにより出火した後、都会所の機能が停止し、仏教界は無宗派時代を迎えるようになった。この事件の後処理の過程で多くの僧侶が命を落とした。

燕山君の暴政を終わりにする「中宗反正《チュンジョンパンジョン》」を通じて王位についた一一代王・中宗は破壊された儒

燕山君と王妃らの墓

教政治の復旧と改革政治を試みたが、都城《トソン》の中に新規にお寺を造れないようするなど仏教抑圧政策は続けた。朝鮮王朝の設計図とも言うべき鄭道傳《チョンドジョン》の「経国大典《キョングクテジョン》」にも禅・教両宗が三年ごとに試験を実施、禅宗では「傳燈録《チョンドゥンロク》」と「拈頌《ヨムソン》」を教宗では「華厳経《ファオムギョン》」と「十地經論《シプチキョンロン》」を試験してそれぞれ三〇人を選抜することを僧科考試規定に載せている。しかし、一五〇七年に予定されていた僧科（科挙）は燕山君時代に続き実施されなかった。そして寺は盗賊が棲む場所になり下がり、中宗の時代に禅・教両宗も徐々に姿を消してしまった。燕山君・中宗の時代に出家した僧侶達は犬や猫にも劣る扱いを受けるようになった。

第42話　文定大妃と普雨

明宗《ミョンジョン》（一五四五〜一五六七年）が一二歳で即位し文定大妃《ムンジョンテビ》（中宗妃）の垂簾聴政《スリョムチョンジョン》（王に代わり政治を執り行う）が始まると仏教の状況は大きく変わった。文定大妃《ムンジョンテビ》は中宗の仏教排斥の中でも信心を捨てず僧侶の権利を守ろうとした。篤信家であった文定大妃《ムンジョンテビ》は平素から思っていた仏教再興のためにこの大役を担える人物を探し楊州《ヤンジュ》・檜岩寺《フェアムサ》に居た虚應堂《ホウンダン》・普雨《ポウ》（一五〇六?〜一五六五年）を迎えた。そして明宗五年（一五五〇年）一二月に禅・教両宗を再興し、僧科を復活させる教示を下し奉恩寺《ポンウンサ》を禅宗本山（住職・普雨）に、奉先寺《ポンソンサ》（住職・守眞）を教宗本山に指定した。明宗七年には僧科が実施され教団は活気を取り戻し有能な人物が集まるようになった。朝鮮仏教再興の巨人・西山大師《ソサンデサ》・休静《ヒュジョン》もこの時の僧科出身であり、泗溟堂《サミョンダン》・惟政《ユジョン》もその後の僧科に登用された。

中止されていた僧侶に対する度牒《トチョプ》（出家許可証のようなもの）も発行されるようになり荒廃した全国の寺院も改修された。

文定大妃《ムンジョンテビ》と普雨禅師がこのように仏教中興のため尽力したが、儒生たちの反発はとどまるところを

文定大妃の庇護によって禅宗本山に指定された奉恩寺

知らず、普雨打倒・僧科廃止の上訴が相次いだ。普雨を妖僧・怪僧と非難し、一五六五年に文定大妃《ムンジョンテビ》が逝去すると、その責任を問うとして普雨の処刑を要求した。明宗は母が亡くなると儒生たちの要求に屈し、明宗二〇年（一五六五年）六月、済州島に普雨を島流しにした。済州島に行った普愚禅師は済州牧使（長官）である邊協《ピョンヒョプ》によって殺害された。

文定大妃《ムンジョンテビ》と普雨禅師が亡くなると、仏教界は禅・教両宗の僧科考試が廃止され試練に立たされるようになり、仏教と僧侶の地位は地に落ちて山奥に隠れるように消えていった、

朝鮮王朝になり仏道が消え去ろうとしていた法難の時代に、普雨和尚は仏教存立に必要な人的、物的基盤を整え仏教中興の意思と殉教の精神を遺した。

第43話　秀吉の朝鮮侵略に敢然と決起　西山大師・休静①

朝鮮仏教史に最も華麗な足跡を残した僧侶は、西山大師《ソサンデサ》・休静《ヒュジョン》である。妙香山《ミョヒャンサン》を西山と呼んだが和尚が妙香山《ミョヒャンサン》に長く住んでいたので西山大師という呼び名が定着した。大師の法名は休静《ヒュジョン》、号を清虚《チョンホ》と称した。その他にも白華道人《ペクファトイン》・妙香山人《ミョヒャンサンイン》・楓岳山人《プンアクサンイン》・曹溪退隠《チョゲテウン》・病老《ビョンノ》など多くの名前が付けられている。

清虚《チョンホ》・休静《ヒュジョン》和尚（一五二〇～一六〇四年）は朝鮮中期、豊臣秀吉の朝鮮侵略により国家が存亡の危機に陥った時、僧侶の身でありながら祖国を守る為に敢然と立ち上がり救国の決定的な役割を果たした。

平安道・安州で生まれ一二歳で両親を亡くし孤児になった西山《ソサン》は、安州牧使《アンジュモクサ》（地方長官・正三品）李思曾《リサジュン》の養子になった。西山はソウルの成均館に入学し儒学を学び一五歳で科挙に臨んだが失敗し全南地方に旅に出た。すると智異山《チリサン》で崇仁長老《スインチャンロ》に出会い「心を磨き心空及第して世の栄達を断ちきれ」という教えを受けた。友と別れ智異山に残り出家を決意した西山は芙蓉《プヨン》・霊観《ヨングァン》和尚を師と仰ぎ三年間の教えを受け更に五年間智異山の各庵《いおり》を訪ね歩き修業を重ねた。三三歳（一五五二年）の時、復活した初めての僧科に応募し合格、三六歳で傳法師になり、教宗の統括責任者である教宗判事に、その三ヶ月後には禅宗判事も兼ね、僧侶の最高職に就くが名誉は本意ではなく二年で職を辞して金剛山・智異山・太白山・五台山等を雲水で歩き四九歳で妙香山に入った。

宣祖二二年（一五八九年）鄭汝立の反逆事件に関連したとの容疑で投獄されたが御前審判を受け無罪が判明し釈放された。この時以来の関係で、後日壬辰倭乱が起きると西山は救国の陣列に馳せ参じた。西山が宣祖に呼ばれたときすでに七〇歳を越えていたが、老体に鞭打ち「八道十六宗都摠攝」（僧軍の総司令官）になり僧軍を指揮した。西山の護国理念は朝鮮仏教の伝統となり今日まで息づいている。

第44話　全国の義僧軍の指揮を執る　西山大師・休静②

一五九二年（壬辰年《イムジン》）四月一三日、釜山に上陸した豊臣秀吉の軍勢は破竹の勢いで北上し、二〇日足らずで首都・漢陽《ハニャン》を占領した。宣祖《ソンジョ》は首都を後に鴨緑江《アムノクカン》の畔・義州《ウィジュ》まで追われ国土と民百姓は日本の軍勢に惨めに蹂躙されてしまった。国家存亡の危機に見舞われすでに休静《ヒュジョン》の弟子である公州《コンジュ》・甲寺《カプサ》の騎虚《キホ》・霊圭《ヨンギュ》和尚が五〇〇余名の僧軍を率いて清州城《チョンジュソン》を奪還し、決死の戦いで錦山城《クムサンソン》を回復した。

西山大師《ソサンデサ》・休静《ヒュジョン》は妙香山を下り王命により八道都摠攝《パルトトチョンソプ》の職責につき、全国の僧侶に「戦える僧侶は一人残らず戦闘に参加し、年老いて病弱な僧侶は戦勝と国家安泰を祈祷せよ」との檄文を飛ばした。七三歳の高齢にもかかわらず休静本人も一五〇〇の僧兵を率いて順安《スンアン》・法興寺《ポプフンサ》で全国の義僧軍の指揮を執った。

休静の弟子泗溟大師《サミョンデサ》・惟政《ユジョン》は、金剛山で関東を中心に八〇〇余の僧軍を、雷黙堂《レムクタン》・處英《チョヨン》は智異山《チリサン》で一千の僧軍を率いて戦った。特に處英《チョヨン》は壬辰倭乱三大戦勝のひとつに挙げられる幸州大捷《ヘンジュテチョプ》で權慄《クオンユル》将軍を助け勇敢に戦った。他にも全国各地で決起した僧軍が活躍した。西山大師率いる義僧軍が大きな

紅葉の見ごろを迎えた妙香山の秋（撮影 2010 年 10 月）

戦果をあげたのは平壌城奪還時の戦闘であった。惟政《ユジョン》和尚の指揮の下、平壌城南方に潜入し敵の退路を断ちながら牡丹峰《モランボン》の敵陣を突破し戦闘を勝利に導いた。西山大師の率いる全国の僧軍の数は五千人に上った。

その他にも選抜された七〇〇人の義僧軍は宣祖が還都する際、護衛に付いたばかりか山城の構築や守備を受け持ち物資の調達、和平会談の代表として多くの任務を果たした。その中心にはいつも西山大師が居られた。

宣祖が還都した後、西山大師は都摠攝の職を捨て僧軍の指揮を泗溟大師・惟政にまかせ妙香山に帰った。そのとき休静は七九歳であった。圓寂庵《ウォンジョクアム》で晩年を過ごした西山大師は、一六〇四年（宣祖三七年）一月二二日の朝永眠した。

第45話　「禅家亀鑑」を後世に遺す　西山大師・休静③

西山大師《ソサンデサ》は献身的菩薩《ポサル》精神を発揮して国難の克服に尽くし、護国の代名詞として歴史にその名を刻んだが、朝鮮時代、消えて無くなりそうになった法灯を回復し、分裂した仏教界において禅教一致《ソンギョイルチ》の理論を定立させ、禅の理論を完成させた「禅家亀鑑《ソンガクィガム》」を後世に遺した（一五六四年）。

「禅家亀鑑《ソンガクィガム》」の禅家《ソンガ》とは参禅《チャムソン》を修業の方便に考えている人や家を指し、亀は未来を占うときに使う亀の甲羅で将来自分の姿を「禅家亀鑑《ソンガクィガム》」を通して知ろうと言うことに他ならず、鑑は鏡であるので平素自身の姿を「禅家亀鑑《ソンガクィガム》」に照らし正しく生かすということである。

西山大師の禅思想は禅と教を対立してみるのではなく、二つを一緒に会通するものとして見る立場にある。禅を中心におき教を一緒に学ぶ「捨教入禅《サギョイプソン》」、「禅主教従《ソンジュキョジョン》」の立場であるが、教の必要性を説き、時には念仏や礼仏、日常行儀の意味を解説し、いつも正しく生きることを諭した。

「禅とは無言から無言に至ることで教とは有言から無言にいたることである。こころは禅法であり言葉は教法である。法は同じでも意味は天地の差がある」とも述べている。教学は仏様《プチョ》の言葉であり、禅は仏様《プチョ》のこころであると教えた。

西山大師は祖師禅・看話禅の大切さを説き今日に至る朝鮮仏教の修行法についても明らかにした。看経《カンギョン》（読経）や念仏、懺悔《チャムフェ》、布施《ポシ》などの修行法も重視し、禅中心の立場にありながら他の修業法も取り入れた。

西山大師は禅教を通じた人間の内面的探求を追求するだけでなく本分を忘れて俗化している僧侶の堕落についても厳しく指摘した。その指摘は未来を見通して却って現代に当てはまるようである。栄達と利に疎く無所有と淡白に生きた西山大師は仏法の隆盛と祖国を思う気持ちだけで一生を過ごした。

第46話　国交再開の大任を果たす

泗溟大師・惟政①

護国の伝統を打ち立てた西山大師《ソサンデサ》の下には千人を超える弟子たちが育ち、泗溟大師《サミョンデサ》・惟政《ユジョン》を初めとする鞭羊彦機《ピョニャンオンギ》、逍遥太能《ソヨテヌン》、静観一禅《チョングアンイルソン》、暎虚海日《ヨンホヘイル》等綺羅星《きらぼし》のような高徳が多数居た。

西山大師の一番弟子であり西山の片腕として活躍した密陽《ミルヤン》出身の惟政《ユジョン》（一五四四～一六一〇年）は号を泗溟堂《サミョンダン》または松雲《ソンウン》と称した。西山とは二四歳ちがいであった。

一三歳で出家し明宗《ミョンジョン》一六年（一五六一年）禅科に合格、奉恩寺住職を務めた後、妙香山に入り西山大師の印可を得た。泗溟堂は五台山に居る時己丑《キミ》逆賊事件に巻き込まれたが無罪放免となった。金剛山・楡帖寺《ユジョムサ》に居る時、壬辰倭乱《イムジンウェラン》に出会った惟政《ユジョン》は都摠攝《トチョンソプ》・西山大師の檄文に触れすぐさま義僧を募集、八〇〇人の僧侶を集め順安《スンアン》・法興寺《ポプフンサ》に赴き西山大師の主力義僧部隊と合流し、都大将《トデジャン》として平壌城《ピョンヤンソン》奪還に大きな功績を残した。さらに嶺南《ヨンナム》に下り侵略軍を追い払いその威勢は止まるところを知らなかった。日本軍の丁酉《チョンユ》（慶長）再侵略の際には加藤清正の根拠地である西生浦《ソセンポ》を包囲し、数回に亘り敵陣に赴き和平会談に臨んだ。戦に和平会談、八公《パルゴン》・金鳥《クモ》・龍起《ヨンギ》等の山城構築など数多くの業績を遺した。

さらに戦後は講和を求める日本に対して朝廷《チョジョン》ではその大任を泗溟大師《サミョンデサ》に任せることを決定した。朝臣や儒生《ユセン》の誰もが尻込みした難しい役を引き受けた泗溟大師《サミョンデサ》は対馬を経由して日本に渡り交渉に臨み、国交再開の大任を果たし、捕虜として連れて行かれた男女三〇〇〇余の同胞を無事故郷に連れて帰った。

外交的成果を持って帰国した泗溟師《サミョンデサ》を宣祖は爵位を持って迎えようとしたが固辞し光海君二年（一六一〇年）伽耶山・海印寺で亡くなった。王命により一七三八年から密陽《ミリャン》・表忠祠《ピョチュンサ》で泗溟大師《サミョンデサ》の法事を行うようになった。また、一七九四年からは妙香山・酬忠祠《スチュンサ》で西山大師と泗溟大師《サミョンデサ》の法事を執り行い始めた。

法事は今日まで絶えることなく続いている。

泗溟大師の肖像画

第47話　加藤清正との談判の逸話　泗溟大師・惟政②

壬辰倭乱《イムジンウェラン》で戦った義僧軍の指揮官になった惟政《ユジョン》・霊圭《ヨンギュ》・義厳《ウィオム》・處英《チョヨン》等僧侶のほとんどは西山大師《ソサンデサ》の門徒であり、ほとんどが学徳・行いのすべての面で秀でた当時の高僧たちであった。

泗溟大師《サミョンデサ》は各地の戦闘で多くの戦果を上げたが、一五九四年に西正浦《ソセンポ》を包囲し加藤清正の居る蔚山城陣《ウルサンソン》中に乗りこみ日本軍の動静を確かめる一方で談判に臨んだ。

以下の様な逸話が伝えられている。

清正「朝鮮の宝は何か、宝物があるか？」

惟政「朝鮮は君子の国で道徳を大事にし、礼を大切にしている。金・銀・宝石などは宝物とは思わない」

清正「それでもみんなが欲しがっているものがあるであろう」

惟政「その通りだ。日本にあって朝鮮に無いものがある」

清正「それは何だ」

泗溟大師を顕彰して祀られている海印寺（ここに弘済尊者碑が建立されている）

惟政「将軍、それはあなたの首だ」

清正「……」

清正との会談内容を宣祖に報告するためまとめられた上訴文「討賊保民事疏《トジョクポミンサソ》」は名文で格調高く、保民討賊の実践方法まで提示されているとして高く評価されている。

また、戦後の対日講和でも惟政は輝かしい活躍をした。一六〇四年、伏見城で徳川家康と会見。豊臣政権による朝鮮侵略の謝罪と二度と朝鮮の領土を侵さないとの約束をさせ、その後約三〇〇年にわたる朝・日友好の時代を切り開いた。

泗溟大師が亡くなると、弟子たちにより荼毘に付され、海印寺に弘済尊者碑《ホンジェチョンジャビ》が建てられた。

国家の危機を救った僧侶達の活躍は仏教に対する当時の社会的認識と位相の変化をもたらした。

仏教に対する批判は影を潜め儒学者たちの僧侶に対する認識を新たにした。

第48話　正祖と父母恩重経

壬辰倭乱《イムジンウェラン》で義僧軍の活躍により仏教蘇生の機運が一時的に高まったが長くは続かなかった。英祖《ヨンジョ》（一七二四〜一七七六年）の怒りに触れ米櫃に閉じ込められ若くして非業の死を遂げた正祖《チョンジョ》の父・思悼世子《サドセジャ》（荘祖）を想う正祖（一七七六〜一八〇〇年）は、宝鏡堂《ポギョンダン》・獅馹《サイル》和尚と出会い仏教に帰依するようになった。中でも宝鏡が伝えた「仏説《プルソル》・父母恩重経《プモウンジュンギョン》」に接して不遇に亡くなった両親への想いが正祖のこころの中で大きく渦巻いた。

正祖は海よりも深く山よりも高い親の恩にいかに報いるか、自分よりも子供を安じ子供が達者でないと決して穏やかにいられない親の気持ちを説いた「父母恩重経」を読んでからは、深く自分を顧みて、父・思悼世子《サドセジャ》の名誉を回復し漢陽の近郊にある水原《スウォン》に父母を弔うお寺を建てることを決心した。拝峰山《ペボンサン》の麓にあった思悼世子《サドセジャ》の墓を水原華城《スウォンファソン》、華山《ファサン》の麓に移葬し顯隆園《ヒョンユンウォン》とし、さらに墓格を上げ隆陵《ユンヌン》とした。隆陵《ユンヌン》のとなりには母の惠慶宮洪氏《ヘギョングンホンシ》を祀った乾陵《コンヌン》も建て隆陵・乾陵の近くには正祖の強力な意思の下にわずか七カ月で高麗時代にあったお寺で全くの廃墟になっていた龍珠寺《ヨンジュサ》を（一七九〇年）を

正祖によって建立された龍珠寺

再建完成させたのである。

正祖二〇年（一七九六年）、正祖は両親に孝行を尽くせなかった懺悔《チャメ》として「仏説父母恩重経」の木版を製作して寺に贈り、「華山龍珠寺奉仏祈福偈《ファサンヨンジュサポンブルキボクケ》」を直につくった。

正祖による龍珠寺《ヨンジュサ》創建は表面的には孝心と仏心の発露であったが内的には王権を強化し、新しい政治を目指す正祖の壮大な計画の一端でもあった。

正祖の仏教振興政策により全国の寺院は活気を取り戻し、賦役に動員されていた僧侶達が寺に戻り始めた。一八世紀になり小規模ながらそれまで禁止されていた寺院の創建や建設がされるようになった。

第49話　仏教経典の刊行

朝鮮王朝時代、仏教は抑圧されたが仏教経典の刊行は高麗時代を凌ぐほどであった。世祖《セジョ》（七代、一四五五～一四六八年）は仏教経典刊行のために「看経都監《カンギョントガム》」を設置した。「看経都監」で発刊された出版物は官版《クァンパン》と呼び、お寺ごとに個別に出版されたものは寺版《サパン》と呼んだ。朝鮮王朝末期になると一般の人に分かりにくい経典の出版が減り、人々に経典の内容を分かり易く説いた通俗的なお経である偽経《ウィギョン》（偽造された仏教経典）が好んで刊行されるようになった。代表的なものに「十王経《シワンギョン》」（地獄の苦しみを免れるため生前にお布施を勧めたお経）や「仏説《プルソル》・父母恩重経《プモウンジュンギョン》」などがある。母に対する思いを綴った震黙和尚《チンムクスニム》（一五六二～一六三三年）の斎文《チェムン》を紹介する。

胎中十月之恩　何以報也　膝下三年之養　未能忘矣
萬歳上更加萬歳　子之心猶為嫌焉　百年内未満百年　母之寿何其短也
箪瓢路上行一僧　既云已矣　横釵閨中未婚小妹　寧不哀哉
上壇了　下壇罷面　僧尋各房　前山疊　後山重　魂帰何処　鳴呼哀哉

（母が私を十カ月お腹の中で育ててくれたご恩にいかに報いようか。生まれて三年膝元で育ててくれたそのご恩も忘れることができない。万年を生き万年を更に生きられたとしても子供の私の気持ちは足らないのに、百年のうち百年も生きられなかった母の寿命はなぜそのように短かったのですか。結婚もできず一人遺された妹はどんなに悲しんだことでしょう。上壇のお経も済んで下壇の法事も終えたお坊さんたちは其々自分の部屋に帰って行きます。一人残り遠い空を見上げていると前の山は連なり後ろの山も重なって母の霊魂は何処に帰られたのでしょうか。嗚呼、悲しいかな悲しいかな）

京畿道南揚州市にある雲吉山に世祖が建立した水鐘寺

第50話　朝鮮王朝後期の仏教

一九世紀仏教は抑圧の中でも新しい活路を模索した時代であった。表向きには「抑仏政策」を通した王室も王と王妃を中心に「王室仏教」とも言うべき信仰を続け寺院を支援した。一方、仏教教団の存在しない中でも民衆仏教として庶民の信仰が維持された。庶民仏教は難解な仏教教理を離れ現実救済の祈福信仰として発展した。仏の教えで神秘的な力を持つという呪文《チュムン》である陀羅尼《タラニ》や真言《チンオン》が流行しお寺が少しずつ活発になった。

一八四二年（憲宗八年）曹溪山《チョゲサン》・松廣寺《ソングァンサ》が大火に会い大雄殿を初めとするすべての建物が消失してしまった。松廣寺は知訥《チヌル》和尚亡き後高麗時代に一五名の国師が修禅社《スソンサ》の精神を引きついできた由緒ある寺である。松廣寺の再建は翌年から始まり一五年の歳月をかけ僧宝大刹《スンボテチャル》の名に恥じない昔ながらの名刹として福元された。この様な大規模な修復には莫大な資金が必要だが王室は資金、材木、人力を提供し、僧侶と信徒たちも浄財を惜しまなかった。王室の女人たちを中心とする仏教信仰は朝鮮時代の全期間に亘り継続された。

開花期近代史の中心にいた大院君《テウォングン》・李是應《リハウン》（一八二〇～九八年）は一八六四年（高宗元年）普光寺《ポグァンサ》の再建に尽くし華渓寺《ファゲサ》の再建にも寄与したばかりか多くの寺院の乾板に直接揮毫した。一九世紀に建立された寺院には大興寺《テフンサ》・大雄殿（一八一三年、海印寺《ヘインサ》・大寂光殿（一八一七年）、嵩林寺《スリムサ》・普光殿（一八一九年）、仏甲寺《プルガプサ》・大雄殿（一八二五年）、華厳寺《ファオムサ》・覚皇殿（一八四七年）、大乗寺《テスンサ》・極楽殿（一八七二年）、金山寺《クムサンサ》・弥勒殿（一八九七年）等がある。

寺院の増加は僧侶の増加も伴いお寺の運営も盛んになりだした。当代の官僚や儒学者たちもお寺の再建に施主として名を連ねる一方で寺の沿革や史蹟記を書き遺した。

開化期近代史の中心にいた大院君

第51話　僧侶の城内立入解禁

朝鮮王朝太宗《テジョン》（三代、一四〇〇〜一四一八年）の仏教排斥以来、多少の一時的な変化の時代があったとしても一貫した抑仏政策の下、僧侶たちは迫害を受け都の城内に立ち入ることが禁じられ山中で過ごさざるを得なかった。「僧侶の都城出入禁止《トソンチュルイプクムジ》を破るものは一〇〇代まで奴婢に処す」という措置は一九世紀に至るまで続いた。

僧侶の都城出入禁止《トソンチュルイプクムジ》は抑仏政策の象徴的な措置であり、実際、僧侶達は餞民や罪人と同様な仕打ちを受けていた。このような状態で僧侶達の政治活動などは考えもできなかったが、一九世紀仏教は新しい発展の力を回復していた。王室の仏事支援、儒学者の仏教信仰、さらに庶民の生活仏教など多方面に亘り新しい芽が出始めていた。

一八九四年、東学農民戦争が勃発した。内に腐敗した政権を打倒し、外には外国の侵略から祖国を守ろうとする努力の現れであった。統治能力に陰りの出てきた朝鮮王朝は東学農民軍の要求を飲まざるを得なかった。農民軍の要求は経済的には数々の税金を廃止し、土地をすべての人に公平に分けて

甲午農民戦争の東学党指導者（東学革命記念館）

耕作できるようにすること、社会的には悪徳官吏や横暴な地主などを厳罰に処すこと、奴婢文書を燃やし餞民の待遇を改善することであったが、国家は三カ月の間に二〇八件の新法令を議決、公布した。この法令の中に僧侶の都城出入を禁止する法を廃止することが含まれていた。僧侶之都城出入解禁を朝鮮王朝が認めたということは大きな変化であり意味がある。このことは西洋の波が押し寄せ民衆の知識が向上する中でまさに時代の大勢でもあった。

都城出入解禁は、ソウルの都に留まらず全国にあった僧侶の民間出入り禁止をも同時に解禁することになり、僧侶が山から下りて街の中で活動する場を持つようになった。

第八講

近代の仏教と名僧

曹渓山・松廣寺（全羅南道順天市）

第52話　自主性と僧風回復の運動展開　鏡虚

朝鮮王朝は近代化の波に揉まれながら帝国主義列強の侵略と民衆の抵抗に直面した。門閥《もんばつ》を廃止し、平等と民権を提唱する開花思想は仏教の平等思想と相通じる。「生きとし生きるすべての衆生《しゅじょう》に仏性《ぶっしょう》あり」とする仏性論を下敷きに貴族と僧侶、中人と上人の身分を超越し近代化を実践した。朝鮮王朝の統治理念であった儒教はもはや社会の指導理念になり得ず、仏教は純粋な宗教的次元に留まらず近代社会を志向する実践理念としての役割をも果たすようになった。

僧侶の都城《トソン》出入り禁止が解かれた後、新しい時代を迎えた仏教界は抑仏のくびきから放たれ自主性と僧風を回復するための運動を展開した。その中心にいたのが鏡虚和尚《キョンホスニム》（一八四九〜一九一二年）である。高麗時代普照国師知訥《ポジョクッサチヌル》の「定慧結社《チョンヘキョルサ》」や了世和尚《ヨセスニム》の「白蓮社」等の結社運動は困難を克服し仏法を取り戻す大きな力になった。鏡虚和尚《キョンホスニム》は「定慧結社」運動を海印寺から始め嶺南《ヨンナム》の寺院を中心に禅を実践し僧侶と信者を一つにまとめて行き、各地の寺院では萬日念仏会《マニルヨムブルフェ》（二八年に及ぶ読経・読誦を毎日実践する運動）を繰り広げた。鏡虚和尚《キョンホスニム》は仏法を正しく理解する修行風士をつくり人々が自ずから悟りを得るため精進する道を示した。

日本の侵略により国土はもとより思想・文化のすべてを奪われ試練に立たされた朝鮮仏教において、鏡虚和尚《キョンホスニム》の思想はさまざまな統制と内的矛盾を乗り越える力になった。

鏡虚和尚《キョンホスニム》の他に仏教復興に尽力したのが龍城《ヨンソン》和尚である。鏡虚和尚《キョンホスニム》の門下には鏡虚の三月《セダル》と呼ばれる水月《スウォル》・慧月《ヘウォル》・月面《ウォルミョン》（萬空《マンゴン》）和尚を始め数多くの弟子が育った。

一方龍城門下には東山《トンサン》・東庵《トンアム》・仁谷《インゴク》等が育ち東山和尚の下から有名な性徹和尚《ソンチョルスニム》が出た。

近代朝鮮の禅仏教には鏡虚・龍城《ヨンソン》の二つの山脈が連なっている。

曹溪宗団形成の基礎を固めた鏡虚和尚

第53話　「寺刹令」＝日本仏教化の強要の時代

日本の侵略により国を亡くし自分の言葉さえも奪われた我が民族は、八・一五祖国解放まで亡国奴として耐えがたい苦難の歳月を過ごした。自分の言葉さえ話せず先祖代々の姓名を名のる事も禁じられ、精神も文化もすべて奪われることになった。

しかし、一六〇〇年この地に足をつけてきた朝鮮仏教は国を亡くした最悪の状態の中でも決してその矜持を失うことはなかった。日本に仏教を伝え日本文化のすべての源泉になった仏教文化を植え付けた朝鮮仏教が、日本の侵略にそのまま膝まずくことはできなかった。三六年間、朝鮮のすべてのものが奪われ日本化が強要されたが、仏教だけは朝鮮仏教として禅教両宗あるいは朝鮮仏教・曹溪宗として最後まで自分たちのものとして残った。

日帝はひとつの思想・文化であり、宗教である朝鮮仏教に対して日本仏教化を強要し「寺刹令《サチャルリョン》」を発して縛りつけようとした。

朝鮮仏教界を統制、管理する目的で一九一一年六月三日に朝鮮総督府から公布された「寺刹令《サチャルリョン》」は

人々の日常のなかに生きる仏教（ソウルの奉恩寺）

七条の簡単な条文のものだが朝鮮仏教界内部の独自の宗団建設を封鎖し日本仏教による朝鮮仏教支配を狙うものであった。第一条には「寺刹《サチャル》を併合・移転・廃止しようとするときは朝鮮総督の許可を受けること。その名称を変更しようとするときも同じである」とされ、第二条では「寺刹《サチャル》の土地と伽藍は地方長官の許可を得ず伝法布教・法要執行及び僧尼の居住以外に使用することはできない」とするなど、総督府は寺院での集会・教育等を封鎖し、寺院が教化的空間あるいは民族的文化空間になることを遮断した。

寺刹令発表後一カ月後、「寺刹令施行規則」が朝鮮総督府令八四号として制定され、奉恩寺・龍珠寺・海印寺・通度寺・松廣寺・伝燈寺燈の三〇本山が成立するに及んだ。一九二〇年に華厳寺が本山に追加され三一本山制度が解放まで続いた。

第54話　曹溪宗の成立

五〇〇年にわたる朝鮮王朝の仏教弾圧を受け宗派・宗名も無くしてしまった朝鮮仏教を復活させるため、一九〇八年に全国の僧侶代表が集まり圓宗《ウォンジョン》を立ち上げたが、代表を務めた李晦光《リフェグァン》（海印寺住職）は日本の曹洞宗《そうどうしゅう》と独断で七か条の連合条約を締結した。

これは朝鮮仏教を日本の曹洞宗に改宗させようとするもので、朝鮮仏教を日本に売り飛ばす行為に他ならないと僧侶たちは反発を強めた。朴漢永《パクハンヨン》・陳震応《チンジンウン》・金鐘来《キムジョンネ》等がこの売教的行為を糾弾する運動の先頭に立ち、若かった韓龍雲《ハンヨンウン》は各地を回り檄文を配った。

そして一九一一年一月、順天《スンチョン》・松廣寺《ソングァンサ》で総会を開き、李晦光中心の圓宗を否定し新しい宗団として臨済宗《イムジェジョン》を立ち上げた。太古《テゴ》・普愚《ポウ》（一三〇一～一三八二年）和尚以来朝鮮仏教は禅宗として臨済宗（中国で成立した禅宗の一派）の法脈を守ってきたのがその理由である。

臨済宗の臨時宗務院を松廣寺《ソングァンサ》に置き、管長に仙巖寺《ソンアムサ》の金敬雲《キムギョンウン》（一八五二～一九三六年）を選出したが、彼は中心に座り韓龍雲《ハンヨンウン》が管長代理を務め、宗務を直接担当することになった。臨済宗はその後、

民衆のあつい信仰を集める通度寺

宗務院を梵魚寺《ポモサ》に移し嶺南・湖南地方で布教堂を建て活発に活動するようになったが、すでに祖国は日本総督府の支配にあり「寺刹令《サチャルリョン》」の縛りから逃れるものではなかった。日帝の「寺刹令《サチャルリョン》」は朝鮮の一切の宗団を認めず朝鮮仏教禅教両宗三〇本山を形成するようになり臨済宗は出来て一年余りで解体されてしまった。

「寺刹令《サチャルリョン》」の縛りを受けながらも朝鮮仏教を一つにまとめる努力はなされ、一九二五年には権限はないが財団法人朝鮮仏教中央教務院が成立し宗会も構成された。

宗団としての一応の形は出来たが朝鮮仏教禅教両宗《ソンギョヤンジョン》という分りづらい宗名と宗旨をもっと分り易くするべきだとの要請に応え一九四一年に太古寺《テゴサ》（現在の曹溪寺《チョゲサ》）を建て総本山とし、宗名を曹溪宗《チョゲジョン》と確定した。

第55話　「三・一独立宣言書」に署名　韓龍雲①

韓龍雲《ハンヨンウン》（忠清南道洪城郡に生まれる〔一八七九～一九四四年〕。俗名・裕天《ユチョン》、号は萬海《マンヘ》）は、一九〇八年五月から一〇月までの約五か月間、日本に滞在し東京や京都など各地を歩きながら見聞を広め日本の仏教界とも接触した。その中で韓龍雲は日本の仏教が軍国主義体制と表裏一体をなしていることを発見する。

帰国後、親日派・李晦光《リフエグアン》（海印寺住職、後に追い出される）が朝鮮仏教を日本仏教と合宗しようとしたとき、韓龍雲が誰よりも反対しこの合意を粉砕出来たのも、日本仏教の体制が軍国主義に加担していることを明白に理解していたからである。

一九一九年三月一日、ソウルのパゴダ公園で「独立宣言書」が朗読され「朝鮮独立万歳！」の叫び声が天地を揺るがした。

日本の植民地政策に反対し朝鮮の独立を求める全国各地の民衆が万歳を叫び街や村に出て決死のデモを行った。統計によると一年間に日本の弾圧による犠牲者は死者七六四五人、負傷者四万五五六二人、投獄者四万九八一一人に上る。朝鮮近代史における最大の事件であった。

三・一独立運動の導火線となった「独立宣言書」には天道教の教主である孫秉熙《ソンビョンヒ》をはじめとする民族代表三三人が署名した。天道教から一五人、仏教界からは韓龍雲《ハンヨンウン》と白龍城《ペクヨンソン》の二名が署名人になった。彼らは宣言発表後、総督府の憲兵により三二人が拘束され西大門刑務所に連行された。収監された民族代表を名乗った者たちの多くは「大変なことになった。どうしよう」と後悔するばかりで変節する者さえ現れた。そのような過酷な環境においても死を覚悟し三年間の獄中生活で屈することのなかった韓龍雲は、自分の意思を貫き民衆の精神の先頭に立った。韓龍雲が獄中で書いた「朝鮮独立の書」は名文であるばかりか卓越した比喩と堂々とした彼の意気を余すところなく示している。

3.1 独立運動で気概を示した韓龍雲

第56話　「地獄で極楽を見てきた」　韓龍雲②

壬辰倭乱《イムジンウェラン》（一五九二〜一五九七年）の祖国存亡の危機に際し、西山大師《ソサンデサ》や泗溟大師《サミョンデサ》が命を顧みず僧軍を率いて決死の戦いを繰広げた様に、韓龍雲は西大門・麻浦刑務所の極寒の試練を最悪の修行と心得、試練を乗り越えた。

ある記者が刑期を終えた韓龍雲に刑務所の感想はどうだったかと聞くと、「地獄で極楽を見てきた」と言ったそうだ。出獄後、韓龍雲は一切の政治的権利をはく奪され監視の対象になったことは言うまでもないが、仏教界と朝鮮民衆は彼を心から温かく迎えた。

韓龍雲は「僧侶妻帯論」を主張するところがあり二度の結婚で二人の子供がいた。一度目は出家する前一八九二年（一四歳）のことで、二度目は一九三三年（五六歳）のことである。韓龍雲は結婚と同時に城北洞に「尋牛荘《シムジャン》」と名付けた小さな家を建てたが日本の総督府が見える南向きを嫌い北向きの家を建てた。そして日帝からの配給を潔しとしなかったばかりか、娘のヨンスギを戸籍にも載せず自分で民族教育を施した。

日本統治下で、多くの愛国者が拷問され、獄死した西大門刑務所

韓龍雲《ハンヨンウン》は幼少に習った漢学と出家して仏典から多くを学び「仏教大典」「朝鮮仏教維新論」等の仏教に関する大著を遺したが、最も有名なのは「님은 갓습니다 · 아 사랑하는 님은 갔습니다」（貴女は行きました。あー愛する貴女は行きました」で始まる抒情詩「님의 침묵」（ニムの沈黙・ニムは貴女でもあり祖国でもある）の著作である。人生で最も脂ののっていた一九二五年八月二五日（四七歳）、雪嶽山の庵で早朝までの一晩で書かれたというこの詩は深く民衆の心の内に残るようになった。序文で「님만 님이 아니라 기룬것은다 님이다」（貴女だけがニムでなく生きているものは皆ニムです）韓龍雲のニムは受け入れる人により民族であったり、恋人であったり、宇宙万物を網羅したとても大きな無概念になったりする。

第57話　「私は仏の弟子、早く火を放て」　方漢岩

一九三八年一〇月二五日、ソウル市内に朝鮮仏教の総本山である太古寺《テゴサ》（現在の曹溪寺《チョゲサ》）大雄殿《テウンジョン》が落成した。太古寺を建てるにあたっては朝鮮の伝統的建造物である普天教《ポチョンギョ》の十一殿《シビルチョン》を買取り足らない木材や瓦は新しく購入した

太古《テゴ》・普愚《ポウ》和尚の法脈を継承する意味で、総本山の名前は太古寺《テゴサ》に決まり、三一本山を初めとする全国の寺院を総括的に管轄するようになった。一九四一年四月二三日付けで一六章一三〇条からなる朝鮮仏教曹溪宗総本寺太古寺《チョソンブルギョチョゲジョンチョンボンサテゴサ》・寺法《サポプ》（太古寺法《テゴサポプ》）が認可された。太古寺法により総本山を太古寺に定め宗名を曹溪宗《チョゲジョン》に決めたことは画期的なことで、朝鮮仏教の正統性を確立する上で大きな一歩となった。また、日帝占領期に朝鮮仏教徒たちの自尊心を大きく鼓舞した。

新しく発足した曹溪宗では、四一年六月に第一世宗正《チョンジョン》（代表）に方漢岩和尚《パンハンアムスニム》（重遠《チュンウォン》）を推戴し六人の宗務顧問（金擎山・金九河・姜大蓮・宋満空・宋曼庵・張石霜）を決めた。

漢岩（一八七六～一九五一年）和尚は、金剛山・長安寺、通度寺、奉恩寺で精進された後一九二五

現在の曹渓寺大雄殿

年、江原道・五台山上院寺に入り修行を重ね曹溪宗初代宗正になられた。南北が分かれて戦った朝鮮戦争では敵の巣窟になるからとして韓国軍が月精寺を焼き払い更に上院寺を焼き払おうとした。すると漢岩和尚《ハンアムスニム》は現れた軍人に少し待つように言うと、袈裟を着て本堂に座り「私は仏の弟子である。本堂を護るのは私の仕事であるから早く火をつけなさい」と整然と述べた。すると将校も圧倒され看板だけ取って庭で燃やして帰ったという。そして五一年三月二一日、「今日が（旧）二月一四日（釈迦涅槃日の前日）だな」と言われると袈裟を着たまま坐脱立亡（座禅を組まれたまま亡くなる）された。和尚の三大弟子に普門《ポムン》・煖岩《ナンアム》・呑虚《タンホ》がいる。煖岩は日本に渡り小平に国平寺を開いた柳宗黙《ユジョンムク》和尚である。

第58話　寺の財産を処分し独立運動に献納　金九河

新羅第二七代善徳女王《ソンドクヨワン》一五年（六四六年）慈蔵律師《チャジャンユルサ》によって創建された通度寺《トンドサ》は、朝鮮の三宝寺院《サムボサチャル》の一つとして広く知られている。三宝とは仏教成立の三大要素である佛・法・僧を意味する。八万大蔵経を護り続けてきた法宝寺院《ポプポサチャル》・海印寺《ヘインサ》、普照国師《ポジョククサ》・知訥《ツヌル》以来一六国師を輩出した僧宝寺院《スンボサチャル》・松廣寺《ソングアンサ》と共に、釈迦牟尼佛の眞身舎利《チンシンサリ》と金襴袈裟《きんらんけさ》が奉安されている通度寺《トンドサ》は三宝の最初である佛宝寺院《プルボサチャル》の位置を占める。通度寺が佛之宗家《プルチチョンガ》・国之大刹《ククチテチャル》と呼ばれる由縁である。

通度寺は創建以来、高麗時代は言うまでもなく、朝鮮王朝時代には全国一六の代表的な寺院の一つで、慶尚南道の大本山として抑佛と壬辰倭乱の戦火を繰り抜けてきた。朝鮮王朝末期の混乱と日帝占領の困難な時期聖海《ソンヘ》和尚の法脈を継承し、この国の仏法発展に一生を捧げた金九河《キムグハ》和尚の業績を忘れてはならない。

金九河《キムグハ》（法名・天輔《チョンボ》、号は鷲山《チュクサン》〔一八七二〜一九六五年〕）和尚は、幼くして千聖山《チョンソンサン》・内院寺《ネウォンサ》に入山し禅定を磨き、一九二三年、第四世通度寺住職に選出されると三回に渡り住職を全うした。さらに

仏法発展に一生を捧げた金九河和尚が過ごした通度寺

曹溪宗總務院長の重責を負い寺中のことから宗団のために献身された。通度寺を新しい時代に合うよう改革し、禅教両宗《ソンギョヤンジョン》を確立し僧侶の商売を禁じ僧侶の義務を明確にした。青少年の教育のため仏教私立明進学校《ミョンジンハクキョ》を設立(一九〇六)、さらに馬山《マサン》・蔚山《ウルサン》・晋州《チンジュ》・密陽《ミリャン》・梁山《ヤンサン》・昌原《チャンウォン》・昌寧《チャンニョン》等地に布教堂を新設した他僧侶多数を日本に留学させ人材養成に注力した。

三・一運動で投獄され監視の対象になった韓龍雲和尚《ハンヨンウンスニム》が、一九四一年、通度寺・安養庵《アニャンアム》で著述活動をしている時には年間三〇〇石の米を送り執筆を支援した。通度寺の九河《クハ》・鏡峰《キョンボン》両和尚は物心両面で終始一貫韓龍雲和尚を支えた。日帝時代、金九河和尚は愛国愛族の一心から寺の財産を処分し壱萬参千圓という莫大な独立運動軍資金を上海臨時政府に献納した。また僧侶たちが独立運動に参加するよう勧誘する宣言文も発表した。

第59話　日本で同胞たちの拠り所に　柳宗黙

国を追われ涙で越えたアリラン峠と玄界灘の荒波、「亡国の民は葬式の犬よりも惨め」だと言う言葉の通り、わが同胞たちは日本全国各地の炭鉱やトンネル、鉄道、道路や建設現場で餓えと涙の生活を送った。

柳宗黙先生（忠南天安市で生まれる。号は煖岩《ナンアム》・暖庵《ナンアム》、〔一八九三～一九八三年〕）は江原道《カンウォンド》・平昌月精寺《ピョンチャンウォルチョンサ》で寒巖和尚《ハンアムスニム》の下で得度・修行し、一九三八年、仏教留学で日本に渡り京都仏教専門学校（現在の花園大学）で勉強され、京都五山の一つに数えられる萬壽寺《マンスサ》を預かるようになった。柳宗黙和尚の居る萬寿寺は過酷な労働と貧困・差別に喘ぐ同胞たちの心の拠り所となった。祖国解放後、多くの同胞が帰国する中で日本に残った同胞たちは戦後の混乱期を必死に生き抜いた。柳宗黙先生は関東大震災や太平洋戦争の犠牲者、戦後舞鶴港の湾内で沈没した「浮島丸」三七二五名の犠牲者の霊を手厚く祀り丁重に供養されてきた。

柳宗黙・金星海・李英表・張泰成・徐宗道等が発起人となり、一九四八年八月一日、在日本朝鮮仏教徒連盟（仏連《プルリョン》）が結成された。

柳宗黙和尚は初代委員長に推薦され、一九五六年まで委員長を務めた。その間一九五五年八月には、太平洋戦争時日本陸海軍および軍属として犠牲になった朝鮮人の名簿を入手、犠牲者数万名の内その一部遺骨が福岡と呉の援護局倉庫に無縁仏として閉まってあることを知り、仏連として名簿の公表と遺骨を丁重に安置することを求め、一六七〇柱の名簿と遺骨を入手し一九五九年に東京・祐天寺に安置した。

柳宗黙和尚

柳宗黙和尚は、一九六四年一月、東京小平に宗教法人国平寺《ククピョンサ》を創設、また仏連は一九七〇年六月近畿地方同胞仏教徒の活動拠点として天王寺区茶臼山公園の雲水寺を入手し、統国寺《トングクサ》（故徐泰植《ソテシク》住職）を創設した。同胞寺院として京都萬壽寺（故尹一山和尚）、神戸大乗寺（故金星海住職）、東京妙厳寺（故洪観海住職）がある。

第九講　あとがき

霊鷲山・通度寺（慶尚南道梁山市）

朝鮮文化の伝統は仏教がその根幹をなしている。朝鮮・韓国の文化遺産のほとんどが仏教文化の所産と言っても過言ではない。さらに朝鮮民族の生活様式・思考方式は仏教を離れて考えることは困難である。

この本に書いた内容は二〇一一年五月から二〇一三年三月まで六〇回に亘って「朝鮮新報」に連載されたものである。

在日同胞を念頭に朝鮮仏教の歴史を掻い摘んできたが、日本で朝鮮・韓国のお寺を知る人は少ない。三宝寺院《サムボサチャル》である通度寺《トンドサ》・海印寺《ヘインサ》・松廣寺《ソングァンサ》を始め朝鮮にも歴史と由緒のあるお寺はたくさんある。私たちは朝鮮のお坊さんの事をあまり知らないが慈蔵律師《チャジャンユルサ》・元暁《ウォニョ》・義湘《ウィサン》・義天《ウィチョン》・知訥《チヌル》・普愚《ポウ》・休静《ヒュジョン》・惟政《ユジョン》等名僧の名前だけでも知っておきたい。

伽倻山《カヤサン》・海印寺《ヘインサ》にはユネスコの世界遺産に登録された高麗大蔵経（八万大蔵経）八万一二五八枚の版木が保存されている。高麗時代モンゴル侵略者の退散を祈願し世界に類を見ない大蔵経が制作されたものである。

なぜ朝鮮の宗派は中国でも日本でも聞かない曹溪宗《チョゲジョン》なのか？　禅宗は「教外別伝不立文字《きょうげべつでんふりゅうもんじ》」と言って経論の文字に囚われず体験的、直感的に直接師から弟子に「以心伝心《いしんでんしん》」悟りを伝えるとされるが朝鮮では「禅教一致《ぜんきょういっち》」を旨として禅と華厳《けごん》の思想がひとつになり曹溪宗《チョゲジョン》が成立した。

人生苦もあれば楽もある。出会いもあれば別れもある。生きる上でのこの苦しみは欲望や執着心から生まれる。ならば欲望や執着心を捨てれば苦しみから解き放されるのだろうか。心のわだかまりを無くす為に仏教では波羅密多《パラミルタ》（悟りを開くための菩薩行・六波羅密多①お布施②持戒③忍辱④精進⑤禅定⑥智慧）の実践を教える。原語の波羅密多《パラミルタ》は「到彼岸《とうひがん》」と訳されるが苦しみに満ちた此岸《しがん》（娑婆世界）から阿弥陀様の住む苦しみのない彼岸《ひがん》に渡ることである。

知訥《チヌル》和尚はこころを磨いてこそ苦悩と執着心を取り除きこころの安らぎ（禅定《ぜんじょう》）が得られると説かれた。人は皆夫々《それぞれ》仏《ほとけ》であることを悟り煩悩を無くす縁《えん》をつくり修行を重ねれば平穏なこころを持てるようになる。

苦しみのない人間はいない。ましてや国を奪われ涙で故郷を後にしてきた在日一世たちの苦しみはいかほどであっただろうか。異国の地に生まれ育った子孫である私たちは一世の後姿を見ながら育った。海に行けば海で暮らし山に行けば山で暮らす。人生至る所青山ありで在日同胞は一生懸命生きてきた。

「一日《いちじつ》無さざれば一日《いちじつ》喰らわず」と百丈《ひゃくじょう》和尚が言われたように禅宗の旨は自力であるが海に出ようとしても嵐になれば船を出せないように人生には自分の力ではどうしようもない他力もある。しかし、自分の運命の主人公は自分自身である。無知にかこつけ非科学的な占いや神頼みに走ってはならない。

科学的な世界観を持ち自主的で創造的な立場で自他の相互関係をよく認識し任運騰々と生きて行かなければならない。

人は一人で生きているのではない。この世の中の事物はすべて依存しあっており、いずれも相対的な存在である。利他の精神で道理に適った行いをすればわだかまりのない境地に至るというのが仏教の教えではなかろうか。

参考文献

1 安啓賢「韓国佛教史研究」同和出版公社 1982年（韓国語）
2 江田俊雄「朝鮮仏教史の研究」国書刊行会 昭和52年
3 大韓仏教曹溪宗布教院 監修 法山・金相鉉「한국불교사」조계종출판사 2011年
4 金煐泰「한국불교사」경서원 1986年（韓国語）
5 韓国仏教宗団協議会「韓国の仏教」仏光出版社 2011年
6 監修 無比・法山・金相鉉「曹溪宗史」（古中世編・近現代編）2001年（韓国語）
7 김광식「한국현대불교사연구」불교시대사2006年（韓国語）
8 韓国佛教研究院 韓国의寺刹4「通度寺」1974年（韓国語）
9 韓国佛教研究院 韓国의寺刹6「松廣寺」1975年（韓国語）
10 韓国佛教研究院 韓国의寺刹7「海印寺」1975年（韓国語）
11 韓国佛教研究院 韓国의寺刹9「浮石寺」1976年（韓国語）
12 金吉祥編「佛教大辞典」弘法院 2005年（韓国語）
13 이덕진편 한국의사상가「지눌」예문서원 2002年（韓国語）
14 영축총림통도사「근현대불교사」2010年（韓国語）
15 고은「한용운평전」향연 2004年（韓国語）
16 최봉익「봉건시기우리나라에서의 불교철학의 전파와 그 해독성」사회과학원출판사 1976年

歴　代　王　朝　系　譜

高句麗　〈三国史記　B.C.37 ~ 668〉

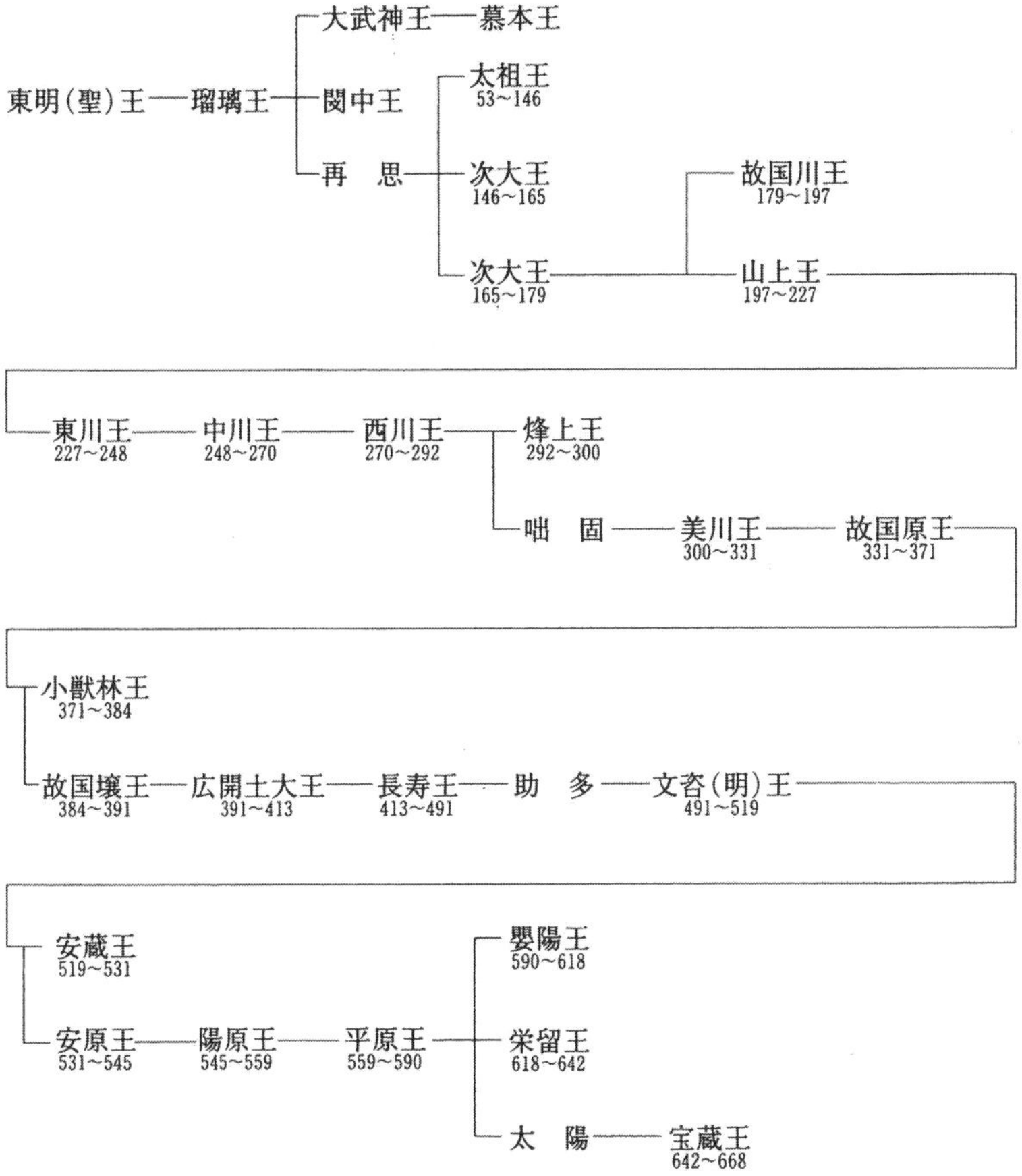

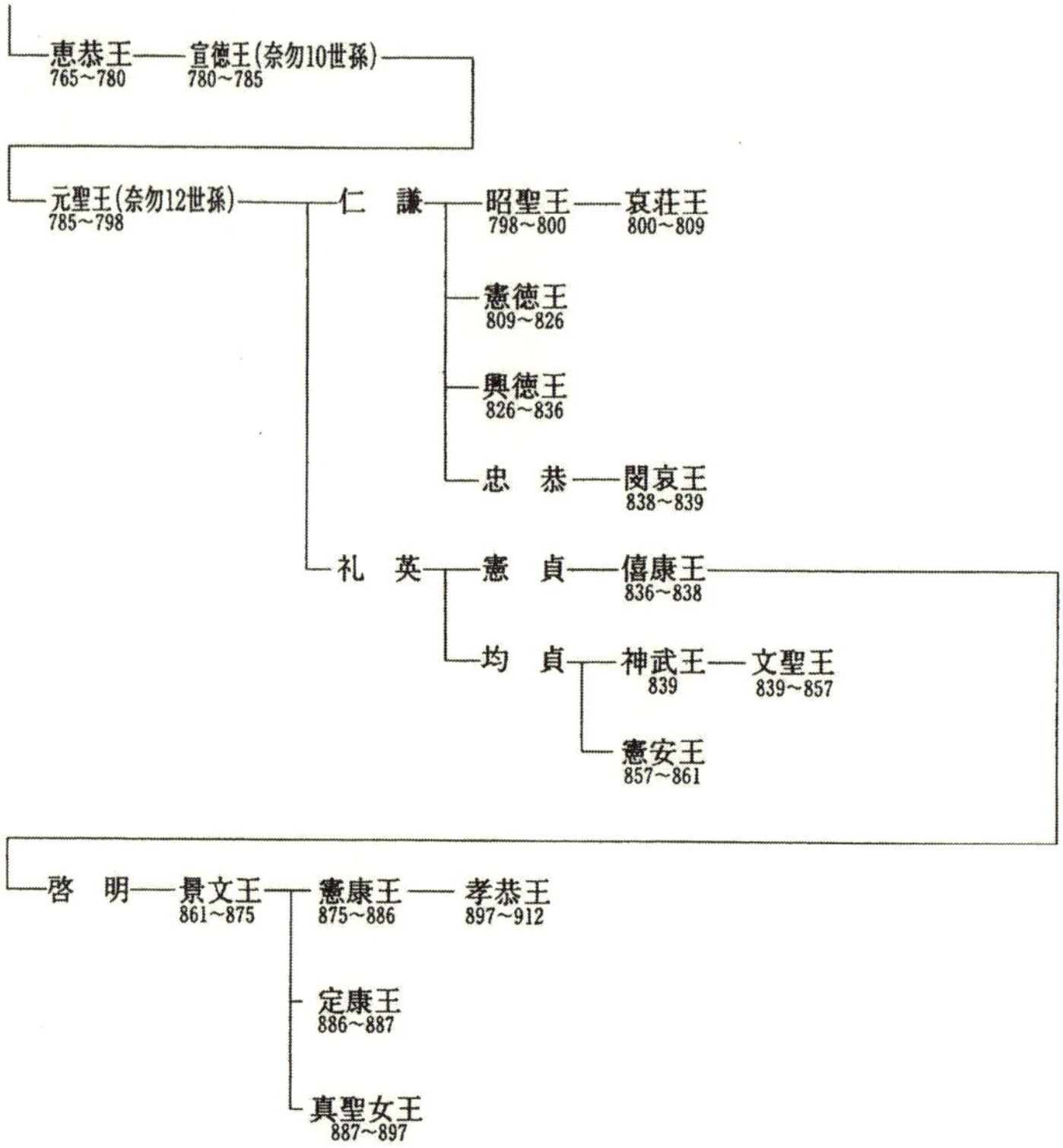
恵恭王 765~780
宣徳王(奈勿10世孫) 780~785
元聖王(奈勿12世孫) 785~798
仁　謙
昭聖王 798~800
哀荘王 800~809
憲徳王 809~826
興徳王 826~836
忠　恭
閔哀王 838~839
礼　英
憲　貞
僖康王 836~838
均　貞
神武王 839
文聖王 839~857
憲安王 857~861
啓　明
景文王 861~875
憲康王 875~886
孝恭王 897~912
定康王 886~887
真聖女王 887~897

〈朴氏〉3王

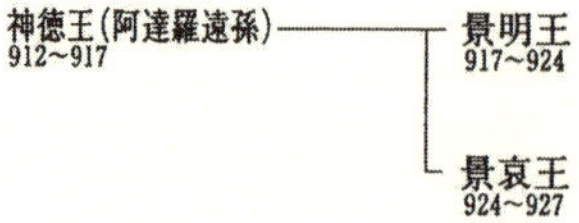
神徳王(阿達羅遠孫) 912~917
景明王 917~924
景哀王 924~927

〈金氏〉1王

敬順王(文聖王6世孫)
927~935

新　羅

〈三国史記　B.C.57 ～ 935〉

〈朴氏〉7王

赫居世―南　解―儒　理┬婆　娑―祇　摩
　　　　　　　　　　　└逸　聖―阿達羅

〈昔氏〉8王

脱　解―(仇鄒)―伐　休┬(骨正)┬助　賁┬儒　礼
　　　　　　　　　　　│　　　└沾　解└(乞淑)―基　臨
　　　　　　　　　　　└(伊買)―奈　解―(于老)―訖　解

〈金氏〉37王

仇　道┬味　鄒
(金閼智 5世孫)└(末仇)―奈　勿 356～402┬訥　祇 417～458―慈　悲 458～479―炤　知 479～500
　　　　　　　　　　　　　　　　　　　└□―(習宝)―智証王 500～514

大西知―実　聖 402～417
(金閼智 後裔)

(智証王)┬法興王 514～540
　　　　└立　宗―真興王 540～576┬銅　輪┬真平王 579～632―善徳女王 632～647
　　　　　　　　　　　　　　　　│　　　└国　飯―真徳女王 647～654
　　　　　　　　　　　　　　　　└真智王 576～579―龍　春(文興王)―武烈王 654～661

(武烈王)―文武王 661～681―神文王 681～692┬孝昭王 692～702
　　　　　　　　　　　　　　　　　　　　└聖徳王 702～737┬孝成王 737～742
　　　　　　　　　　　　　　　　　　　　　　　　　　　　└景徳王 742～765

百　済　〈三国史記　B.C.18 ~ 660〉

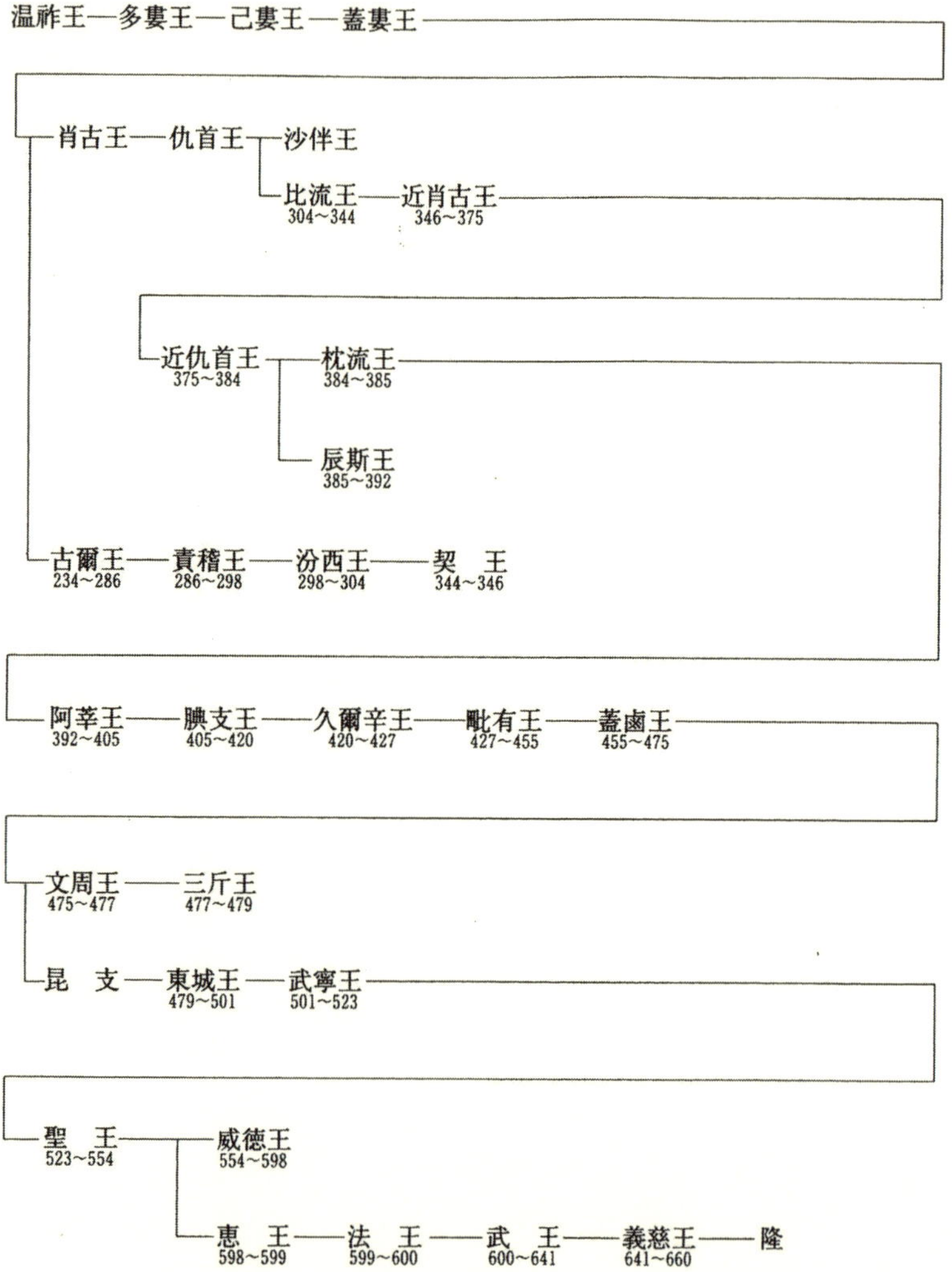

温祚王
多婁王
己婁王
蓋婁王
肖古王
仇首王
沙伴王
比流王 304~344
近肖古王 346~375
近仇首王 375~384
枕流王 384~385
辰斯王 385~392
古爾王 234~286
責稽王 286~298
汾西王 298~304
契　王 344~346
阿莘王 392~405
腆支王 405~420
久爾辛王 420~427
毗有王 427~455
蓋鹵王 455~475
文周王 475~477
三斤王 477~479
昆　支
東城王 479~501
武寧王 501~523
聖　王 523~554
威徳王 554~598
恵　王 598~599
法　王 599~600
武　王 600~641
義慈王 641~660
隆

渤　海　〈229年、698～926〉

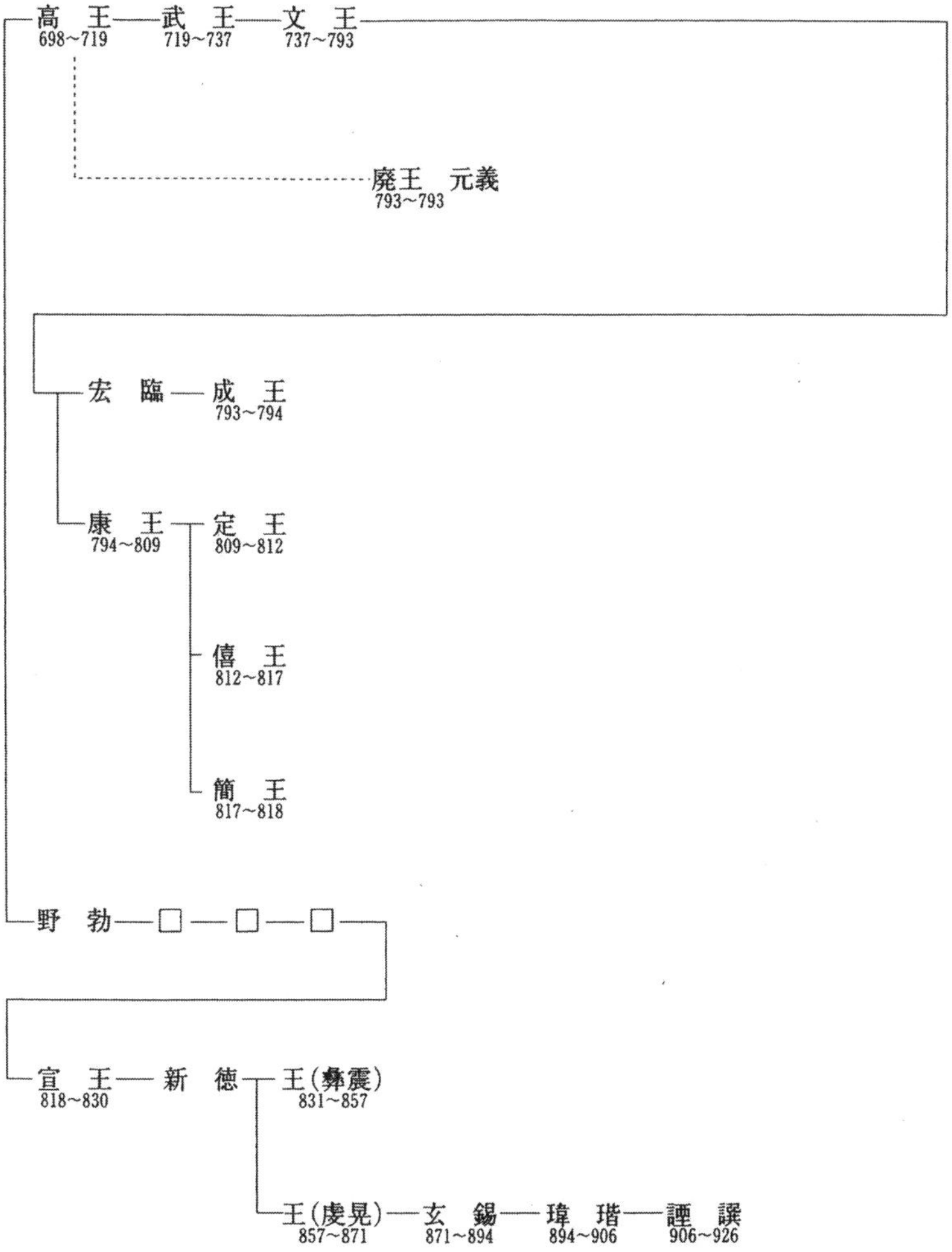
高王
698～719
武王
719～737
文王
737～793
廃王 元義
793～793
宏臨
成王
793～794
康王
794～809
定王
809～812
僖王
812～817
簡王
817～818
野勃
□
□
□
宣王
818～830
新徳
王(彝震)
831～857
王(虔晃)
857～871
玄錫
871～894
瑋瑎
894～906
諲譔
906～926

高　麗　〈475年、918～1392〉

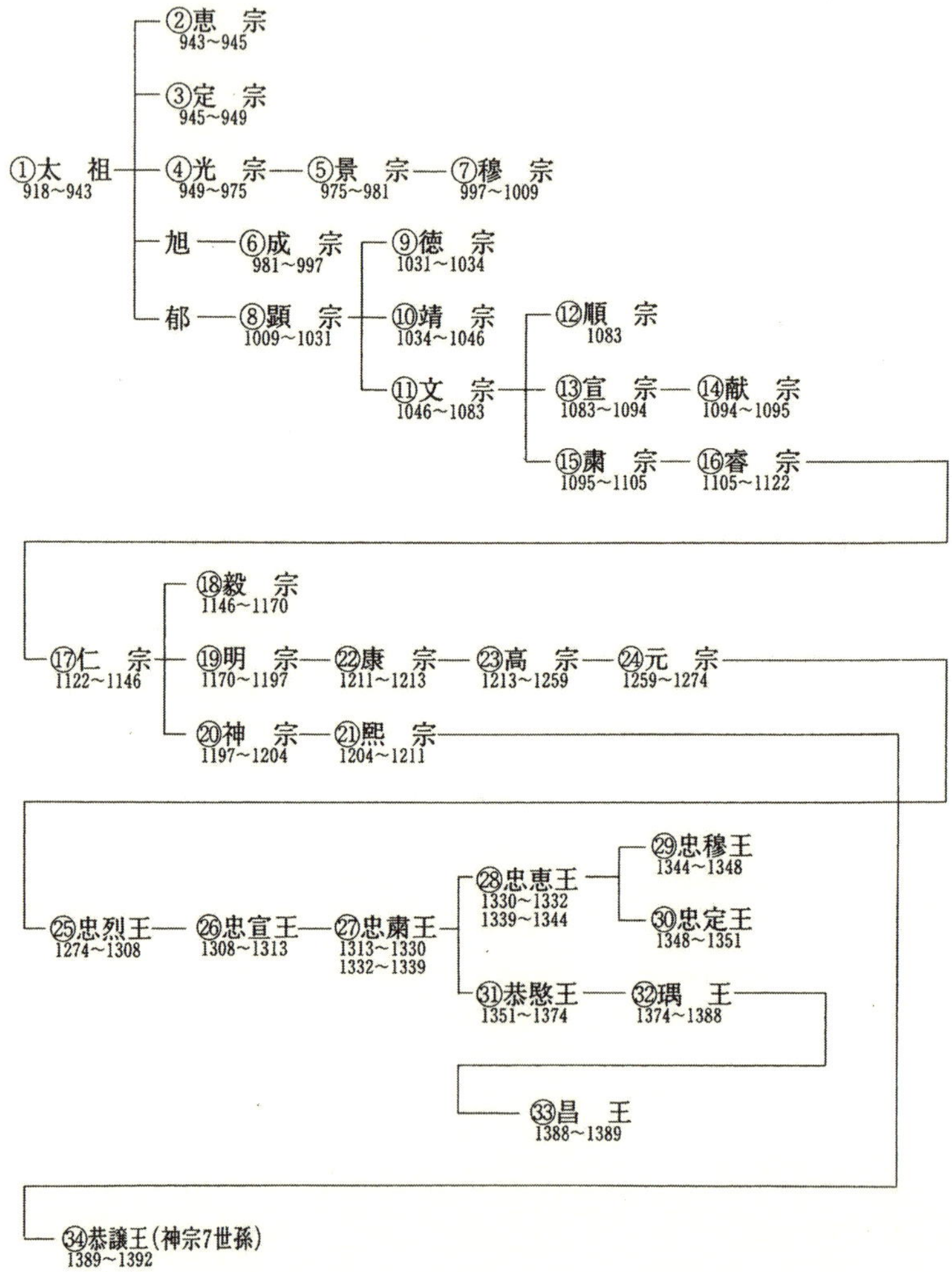
①太　祖
918～943
②恵　宗
943～945
③定　宗
945～949
④光　宗
949～975
⑤景　宗
975～981
⑦穆　宗
997～1009
旭
⑥成　宗
981～997
郁
⑧顕　宗
1009～1031
⑨徳　宗
1031～1034
⑩靖　宗
1034～1046
⑪文　宗
1046～1083
⑫順　宗
1083
⑬宣　宗
1083～1094
⑭献　宗
1094～1095
⑮粛　宗
1095～1105
⑯睿　宗
1105～1122
⑰仁　宗
1122～1146
⑱毅　宗
1146～1170
⑲明　宗
1170～1197
㉒康　宗
1211～1213
㉓高　宗
1213～1259
㉔元　宗
1259～1274
⑳神　宗
1197～1204
㉑熙　宗
1204～1211
㉕忠烈王
1274～1308
㉖忠宣王
1308～1313
㉗忠粛王
1313～1330
1332～1339
㉘忠恵王
1330～1332
1339～1344
㉙忠穆王
1344～1348
㉚忠定王
1348～1351
㉛恭愍王
1351～1374
㉜禑　王
1374～1388
㉝昌　王
1388～1389
㉞恭譲王(神宗7世孫)
1389～1392

朝　鮮　〈519年、1392～1910〉

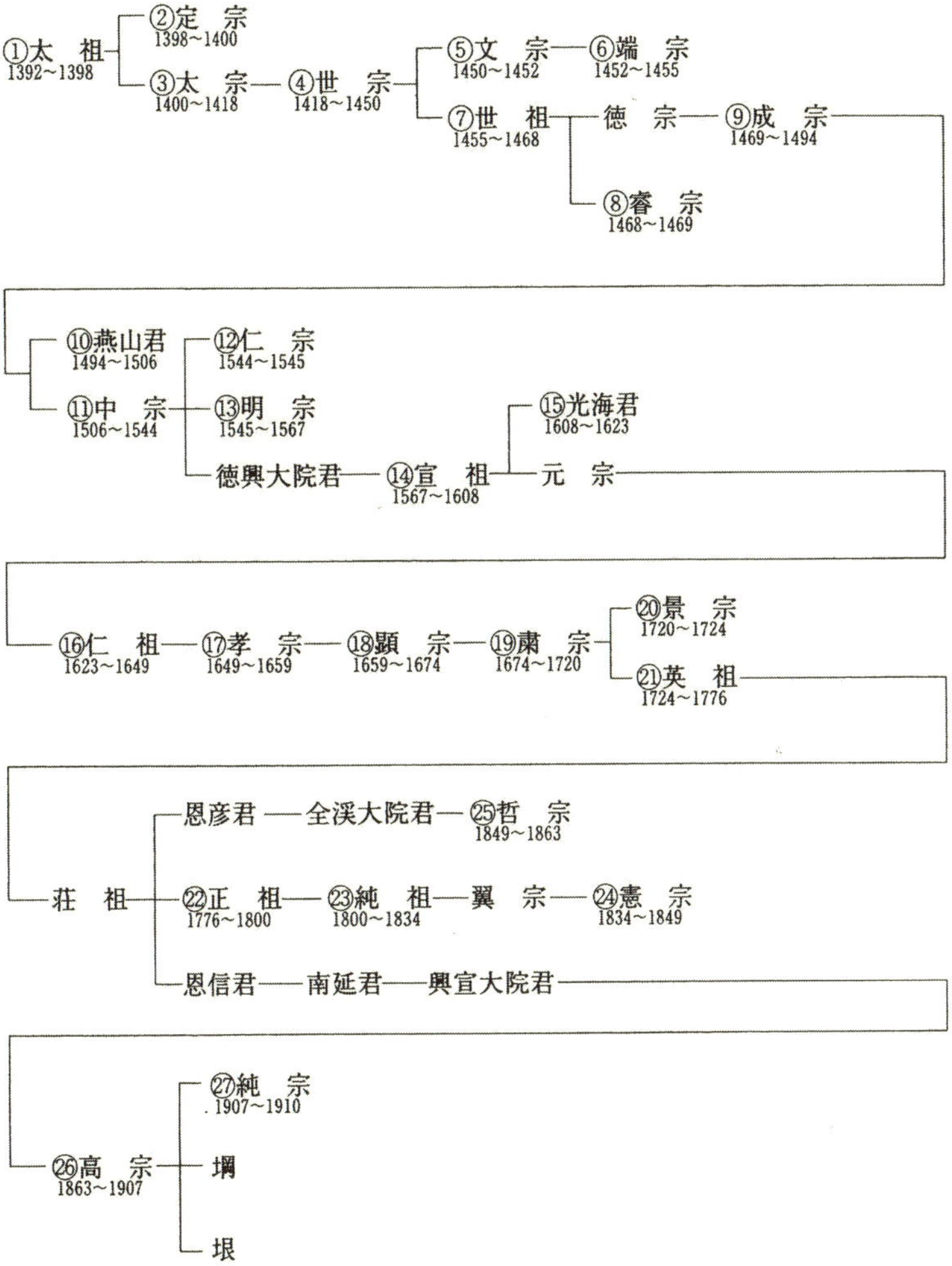

①太　祖
1392～1398
②定　宗
1398～1400
③太　宗
1400～1418
④世　宗
1418～1450
⑤文　宗
1450～1452
⑥端　宗
1452～1455
⑦世　祖
1455～1468
徳　宗
⑨成　宗
1469～1494
⑧睿　宗
1468～1469
⑩燕山君
1494～1506
⑪中　宗
1506～1544
⑫仁　宗
1544～1545
⑬明　宗
1545～1567
徳興大院君
⑭宣　祖
1567～1608
⑮光海君
1608～1623
元　宗
⑯仁　祖
1623～1649
⑰孝　宗
1649～1659
⑱顕　宗
1659～1674
⑲粛　宗
1674～1720
⑳景　宗
1720～1724
㉑英　祖
1724～1776
荘　祖
恩彦君
全渓大院君
㉕哲　宗
1849～1863
㉒正　祖
1776～1800
㉓純　祖
1800～1834
翼　宗
㉔憲　宗
1834～1849
恩信君
南延君
興宣大院君
㉖高　宗
1863～1907
㉗純　宗
1907～1910
堈
垠

『新版　韓国の歴史』（明石書店）より

〈地図〉朝鮮半島と日本

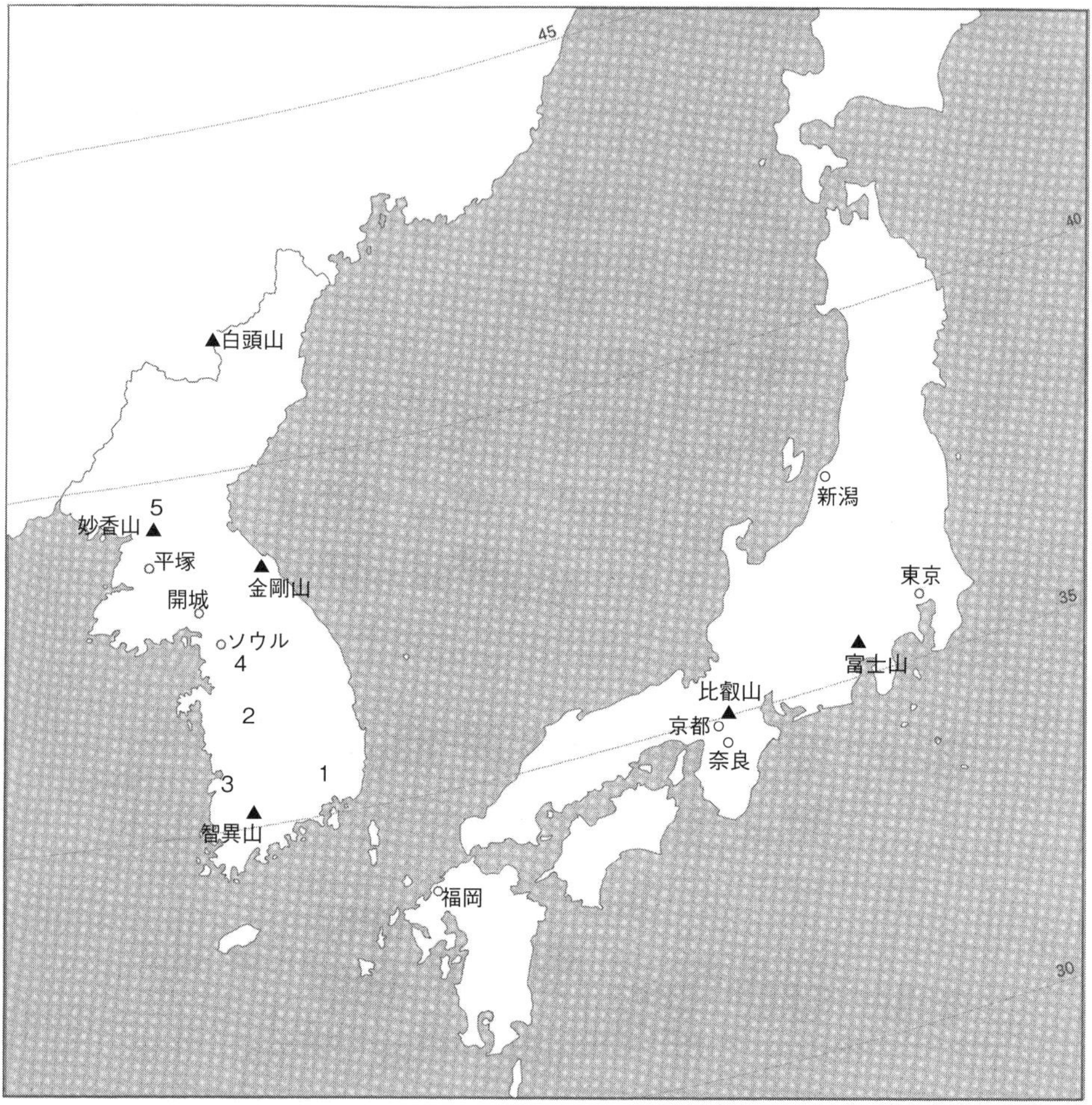

卍 1. 通度寺　2. 海印寺　3. 松廣寺　4. 曹溪寺　5. 普賢寺

東北アジア略年表

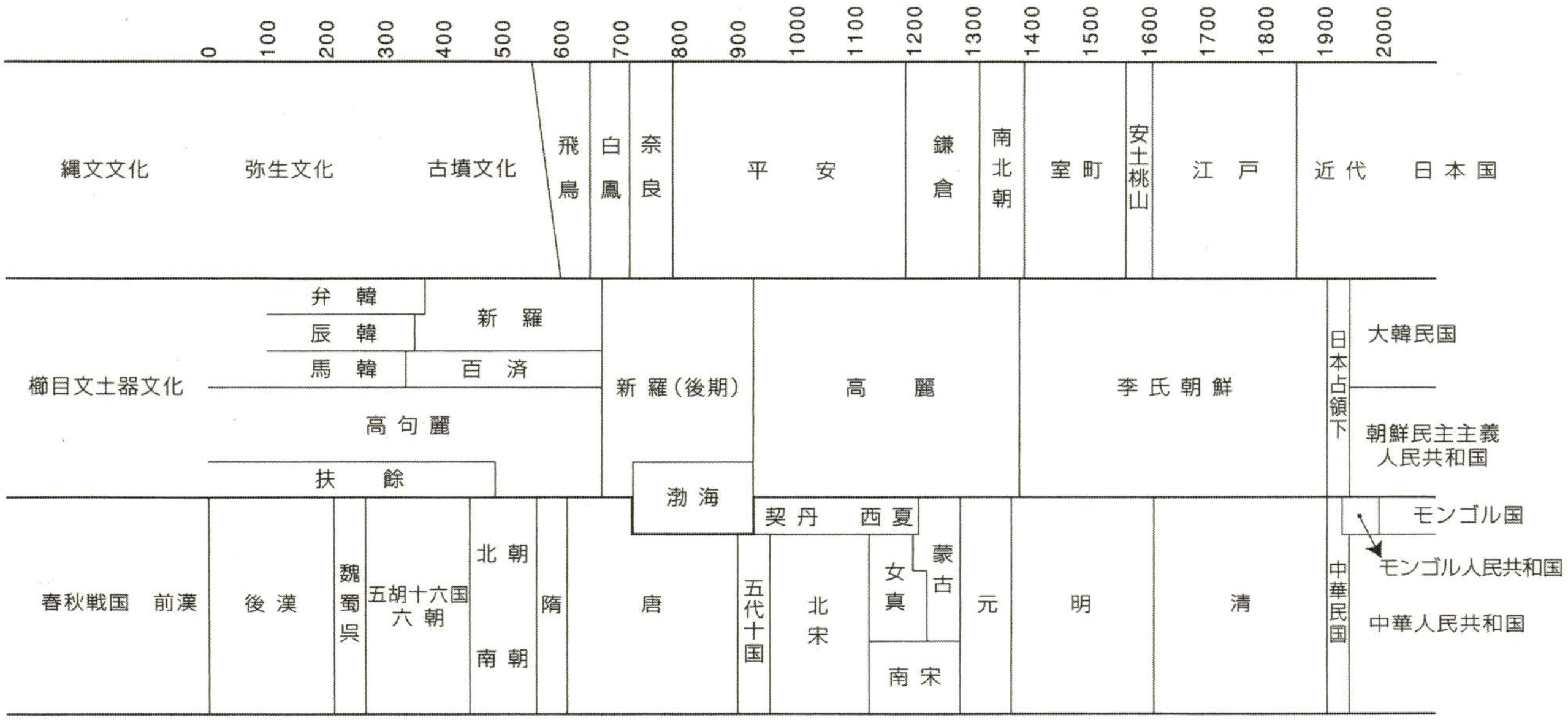
0
100
200
300
400
500
600
700
800
900
1000
1100
1200
1300
1400
1500
1600
1700
1800
1900
2000
縄文文化
弥生文化
古墳文化
飛鳥
白鳳
奈良
平安
鎌倉
南北朝
室町
安土桃山
江戸
近代
日本国
櫛目文土器文化
弁韓
辰韓
馬韓
新羅
百済
高句麗
扶餘
新羅（後期）
渤海
高麗
李氏朝鮮
日本占領下
大韓民国
朝鮮民主主義人民共和国
春秋戦国
前漢
後漢
魏
蜀
呉
五胡十六国
六朝
北朝
南朝
隋
唐
五代十国
契丹
西夏
北宋
女真
蒙古
南宋
元
明
清
中華民国
モンゴル国
モンゴル人民共和国
中華人民共和国

洪南基（ほんなんき）

1949 年生まれ。

朝鮮大学校理学部卒業（1971 年）、理学博士（東京工業大学、1982 年）。

会社員を経てシクラメン等の花卉生産業に従事している。

著書に『高麗人参の世界』（同時代社、2005 年）、『開城』（梨の木舎、2009 年）。

朝鮮の仏教と名僧

2013 年 10 月 25 日　初版第 1 刷発行

著　者　洪南基
制　作　閏月社
発行者　高井 隆
発行所　同時代社
〒 101-0065　東京都千代田区西神田 2-7-6
電話 03(3261)3149　FAX 03(3261)3237
印刷　モリモト印刷(株)

ISBN978-4-88683-753-0